ENTRE COUSINS GERMAINS

—

CONTROVERSE

ENTRE LES JANSÉNISTES ET LES CALVINISTES

ENTRE COUSINS GERMAINS

CONTROVERSE

ENTRE LES JANSÉNISTES ET LES CALVINISTES

PAR

I. BOURLON

Professeur au Petit Séminaire Saint-Memmie,
à Châlons-sur-Marne.

(Extrait de la SCIENCE CATHOLIQUE, 1901-1902).

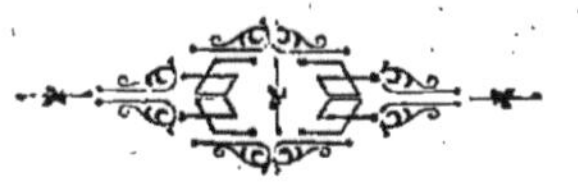

SUEUR-CHARRUEY

IMPRIMEUR-LIBRAIRE-ÉDITEUR

ARRAS | PARIS
10, rue des Balances | rue de Vaugirard, 41

PRÉFACE

On a dit que les Jansénistes étaient cousins germains des Calvinistes ; et en effet, à ne considérer dans les deux sectes que l'extérieur de la doctrine et de la morale, on peut y trouver quelques traits de parenté. Sans prétendre comme le zwinglien Ottius que Jansénius avait puisé tout son système, principes, méthode et preuves dans les Actes du Synode de Dordrecht, il faut bien reconnaître que la réforme janséniste est une seconde épreuve, une reproduction affaiblie du type de la réforme calviniste, ou selon le mot du P. Michel le Vassor, que « Jansénius a lu saint Augustin avec les lunettes de Calvin ».

En effet, sur la question de la Grâce, de la Liberté, de la Prédestination, il y avait grande affinité entre les deux doctrines, et il n'était pas difficile à Jurieu dans l'*Esprit de M. Arnauld* de prouver, malicieusement d'ailleurs, que les cinq fameuses Propositions étaient la pure doctrine de Calvin. Il est vrai que ces MM. de Port Royal déclaraient rejeter eux aussi ces Propositions ; ils niaient seulement que de fait elles fussent dans l'*Augustinus* ; mais chacun sait ce qu'il faut en penser. Là où cette affinité se montre surtout, c'est dans l'affectation de mysticisme épuré, sobre de pratiques et discret jusqu'à la sécheresse, c'est dans cette morale puritaine, commune aux deux sectes, très éloignée, extérieurement du moins, des transactions sociales et des compromis mondains.

Mais d'autre part, quelles dissemblances entre ces prétendus cousins germains ; sauf sur la grâce et la morale rigoriste, les Jansénistes étaient en parfaite communion d'idées avec l'Église Romaine, et ces singuliers hérétiques s'accrochaient à cette Église avec d'autant plus d'obstination qu'elle cherchait à les secouer hors de son giron ; ils prétendaient lui obéir en tout ce qui était essentiel, la question de fait n'étant d'après eux que fort secondaire ; ils se disaient ses meilleurs enfants et affichaient une horreur de l'hérésie d'autant plus grande qu'ils en étaient plus soupçonnés, et cette horreur était sincère. Jansénius soutint une longue lutte de pamphlets contre les Protestants de Hollande : il est vrai qu'il s'agissait plus d'intérêts matériels à sauver que de doctrine à discuter. Saint-Cyran n'ouvrait jamais un livre hérétique sans l'exorciser au préalable d'un grand signe de croix : « Il ne doutait point, disait-il, que le démon

n'y résidât actuellement, et il voulait ainsi se mettre
en garde contre les séductions du Malin. »

Aussi ne fut-il pas plus tôt sorti de sa prison de
Vincennes, en février 1643, qu'il résolut, sur les conseils du *saint homme* Charpentier, d'écrire contre les
Calvinistes. Il poussait vigoureusement l'ouvrage,
lorsque la mort vint le surprendre, 11 octobre 1643.
Sa pensée et son travail ne furent repris avec vigueur
et succès que vingt ans plus tard par ses deux meilleurs disciples Arnauld et Nicole.

Les disputes de famille sont, dit-on, plus intéressantes que les autres : elles ont quelque chose de
moins banal et de plus piquant, et le public indiscret
juge des coups échangés avec une satisfaction toute
spéciale. D'ailleurs dans leurs controverses contre les
Protestants, les Jansénistes ont rendu à la cause catholique des services, intéressés peut-être, mais réels et
considérables ; c'est donc avec une curiosité mêlée
de quelque sympathie que nous pouvons suivre les
diverses péripéties de cette lutte entre cousins germains.

ENTRE COUSINS GERMAINS

CHAPITRE PREMIER

Saint-Cyran et l'abbé de Bourzeis. — Intentions de Saint-Cyran.
— Amable de Bourzeis, singulier janséniste ; — son livre de
Saint Augustin, victorieux de Calvin.

De l'ouvrage que Saint-Cyran préparait contre les Calvinistes, il ne nous reste rien ; il devait cependant l'avoir mené assez loin déjà, car il y travaillait, paraît-il, avant son emprisonnement et il est certain qu'après son élargissement il s'y était mis avec ardeur. Il était aidé par son neveu, M. de Barcos, ce singulier personnage qui causa dans la suite tant de tracas aux Jansénistes. Mathieu Molé, alors premier Président et que la Fronde parlementaire devait bientôt rendre célèbre, s'intéressait fort à cet ouvrage de polémique religieuse : il avait fourni de sa bourse mille écus « pour aider Saint-Cyran dans ses recherches et pour subvenir aux frais d'impression (1) ».

(1) Ce fut même plus tard l'occasion de la rupture de M. Molé avec le Jansénisme. M. le premier Président s'étant plaint que malgré ses mille écus, si généreusement octroyés, l'ouvrage ne s'achevait pas, M. de Barcos, héritier de Saint-Cyran, l'apprit et renvoya de suite la somme prê-

Il ne faut pas d'ailleurs s'étonner si ce travail est perdu : il devait être noyé dans les trente ou quarante volumes in-folio manuscrits que l'on retrouva chez Saint-Cyran et qui furent dispersés aux quatre coins de la France. Il est plus probable encore que ce travail traitait de l'Eucharistie, et l'on sait que des papiers formant deux ou trois volumes touchant ce sujet ayant été oubliés par la police après une perquisition domiciliaire, furent brûlés par M. de Barcos : « Il craignait, dit-il lui même, qu'on n'y trouvât quelques nouveaux prétextes aux accusations d'hérésie. »

*
* *

Après Saint-Cyran, le premier Janséniste qui entama la controverse avec les Protestants fut l'abbé de Bourzeis. C'est un singulier personnage que Amable de Bourzeis : Auvergnat des environs de Riom, comme les Arnauld, il est d'abord page du marquis de Chandenier ; il accompagne le « grand » Arnauld son compatriote à Rome où il fait ses études théologiques. Très souple et très intelligent, il se pousse activement auprès des grands : le duc de Liancourt le patronne, le présente à Louis XIII qui lui donne l'abbaye de Saint-Martin de Cores ; Richelieu en fait son sé-

lée, avec toutes sortes de remerciements. M. Molé la refusa par trois fois, trois fois M. Singlin, porteur de la somme, revint à la charge comme les héros d'Homère. M. Molé fit sentir son mécontentement, et il ne fut bientôt plus qu'un « grand et violent ennemi de Port-Royal, qu'un vulgaire Pélagien, etc. »

crétaire et lui donne le trente-cinquième fauteuil de sa jeune Académie.

Il est ardent Janséniste, cependant il n'est pas de Port-Royal. Protégé il se fait protecteur à son tour : il présente à Mazarin, très sceptique d'ailleurs en fait de controverse religieuse, les Jansénistes de marque que le ministre désire connaître personnellement. En 1661, quand la Bulle d'Innocent X est acceptée en France, il signe le Formulaire tout en déclarant « qu'il change de conduite et non pas d'opinion » ; il négocie avec Arnauld et autres Jansénistes obstinés un projet de trève et d'armistice.

Grâce à cette souplesse de caractère et de convictions, il reste toujours bien en Cour. En 1666 il est envoyé en Portugal pour travailler, disait-il, à la conversion de Schomberg, mais en réalité il était chargé d'une mission secrète que nous ignorons encore. Colbert le chargea souvent de présider ce qu'on appelait alors la *Petite Académie* et qui devint plus tard l'Académie des Sciences, car à cette époque de sa vie il s'occupait surtout de sciences et écrivait de longs articles dans le *Journal des Savans*.

L'ancien Janséniste assagi est bien loin, comme on le voit, des disputes et controverses dogmatiques, et cependant vers 1650 il s'y était livré avec autant d'ardeur que de succès. On lui a attribué la paternité des traités de controverse et même du fameux « Testament » publié sous le nom de Richelieu, mais il est avéré aujourd'hui que Controverse et Testament sont bien du style du terrible ministre.

Quoi qu'il en soit, à une époque où la controverse en France semble un peu sommeiller, Bourzeis dépensait une ardeur incroyable à défendre la « doctrine de la Grâce » et à lutter contre celle de Calvin. Il avait de nombreuses conférences avec les ministres, dont il ramena plusieurs à l'Église, et avec des personnes de qualité de la R. P. R. : on cite parmi celles qu'il convertit le prince palatin Édouard.

Ce zèle ne l'empêchait pas d'être attaqué et maltraité par les « adversaires de saint Augustin ». Il était logé à cette époque à l'hôtel du duc de Liancourt, ce grand seigneur que son naïf enthousiasme pour Port-Royal a rendu célèbre (1). Or, quand M. Picoté de Saint Sulpice refusa l'absolution au duc de Liancourt, un de ses principaux griefs fut précisément l'hospitalité que le grand seigneur donnait à ce Janséniste, à cet hérétique, etc. Et cependant dans sa retraite même, ce brave Auvergnat, qui avait bien le droit de vivre après tout et de se faire nourrir comme tant d'autres à cette époque, écrivait volumes sur volumes pour prouver que s'il y avait des hérétiques dans le monde, ce n'étaient pas certes les « disciples de saint Augustin » mais bien les Molinistes et les Calvinistes.

(1) Au dire du malin La Fontaine, le duc de Liancourt trouvait vénérable jusqu'au vacher de Port-Royal « et du plus loin qu'il apercevait quelque manière de paysan autour du *Désert des Champs* il ouvrait de grands yeux et se découvrant il demandait à l'oreille de son voisin : « N'est-ce pas un de ces Messieurs ? »

***

De ses nombreux ouvrages de polémique religieuse
dont on peut trouver la liste dans l'*Histoire de l'Académie française,* nous ne citerons qu'un seul, qui fait,
à notre avis, parfaitement connaître sa manière.
C'est un énorme in-4º de 1.157 pages de texte très
compact qu'il publia en 1652 sous ce titre significatif :
*Saint Augustin victorieux de Calvin et de Molina, ou
Réfutation d'un livre intitulé* « Le Secret du Jansénisme ». Où l'on fait voir d'une part la vraye différence
entre la doctrine de saint Augustin, la voix et l'organe
de l'Église dans la matière de la Grâce, et les erreurs
de Luther et de Calvin. Et l'on découvre de l'autre la
mauvaise foy de ceux qui se servent des calomnies
des hérétiques, et de l'ignorance de quelques controversistes particuliers pour attribuer à l'Église catholique les erreurs des Semipelagiens, renouvelées
par Molina, Jésuite.

C'est là, comme on le voit, une arme à deux tran-
chants, l'un tourné contre les Calvinistes, qui ont une
doctrine bien différente de celle de saint Augustin ;
l'autre contre ces maudits Molinistes qui perdent l'Eglise
catholique. Evidemment, la première préoccupation
des Jansénistes est de repousser l'accusation de calvinisme qui leur était prodiguée à cette époque. Dans
une pièce de vers latins qui courait alors dans tous les
collèges de Jésuites, on les appelait « les grenouilles
du lac de Genève », *Rana Gebenneis prognata palu-
dibus ;* on accusait Arnauld d'être né calviniste et de
l'être resté au fond du cœur, et il fallait qu'il se justi-

fiât en produisant l'acte authentique de son baptême « célébré en bonnes et dues formes, en l'église Saint-Merry, paroisse de Monsieur son père ». On disait couramment qu'un Janséniste n'était qu'un Calviniste qui dit la messe. Il n'y avait pas jusqu'aux conversions opérées par cet excellent abbé Bourzeis que l'on n'incriminât ; on les trouvait trop faciles, on les expliquait par la complaisance du controversiste et par l'affinité des deux doctrines.

Voilà pourquoi il proteste avec tant de véhémence. Son ouvrage est divisé en cinq parties qu'il intitule *Conférences* et qu'il subdivise en de nombreux chapitres ; le tout est fait en forme de dialogue entre Evariste et Timothée, deux excellents « disciples de saint Augustin », qui s'entendent à merveille et qui renchérissent toujours l'un sur l'autre, soit qu'ils distribuent des injures théologiques à leurs ennemis, soit qu'ils vantent la doctrine janséniste, soit enfin qu'ils déplorent les maux innombrables causés dans l'Eglise par « l'hérésie moliniste ».

La première Conférence par exemple fait voir « avec combien de malice les Molinistes se servent des calomnies des Hérétiques » et de l'ignorance de quelques controversistes particuliers pour attribuer à l'Eglise une doctrine tout opposée à ses véritables sentiments touchant l'efficace de la Grâce et la nécessité de pécher sans l'assistance de la même Grâce. »

La deuxième contient le *récit* d'un entretien entre un ministre de la R. P. R. et un docteur Moliniste, « d'où il résulte que les Molinistes veulent faire croire que l'Eglise a condamné les Calvinistes pour avoir suivi les opinions qui sont manifestement de saint Augustin, et du Saint-Siège qui l'a approuvé. »

Dans la troisième on voit que l'autorité de saint Augustin et de ses disciples « doit être incomparablement préférée dans la matière de la Grâce à celle des nouveaux Scholastiques ».

La quatrième est pour nous plus intéressante en l'espèce, car elle se rapporte plus directement au sujet de cette étude, et prétend faire voir « en quoy la doctrine de saint Augustin est différente des erreurs et des hérésies de Luther et de Calvin en la matière de la Grâce et de la Prédestination ». Les preuves sont délayées en trente-neuf chapitres. Bourzeis explique tout au long les principales erreurs de Calvin sur la Grâce, sur le Libre Arbitre et sur la Justification, et par de nombreux textes de saint Augustin il fait voir que la doctrine Calviniste est contraire à celle de cet « admirable Père ». On nous dispensera d'entrer dans le détail ; il y a 180 pages in 4°.

Cependant, contrairement à son habitude Bourzeis, au dernier chapitre, se résume assez succinctement. Il déclare que « si Calvin eût embrassé les sentiments de saint Augustin, il n'eût pas dit qu'Adam a péché ne pouvant faire autre chose que pécher ; il n'eût pas dit que le premier homme, pour persévérer, a eu besoin de cette puissante grâce dont Dieu arme ses élus ; il n'eût pas dit que Dieu a choisi ou réprouvé les hommes avant que de les voir dans la corruption universelle qu'ils ont contractée par la désobéissance d'Adam ; il

n'eût pas dit que toute la puissance de faire le bien
mesme honnête et moral a esté détruite en nous par
la coulpe originelle ; il n'eût pas dit que les mouvemens
de la convoitise auxquels nous ne consentons pas sont
de véritables péchés ; il n'eût pas dit que les meilleures
œuvres sans la grâce sont des péchés, etc. »

Il faut avouer que ce résumé est assez rapide et assez
animé ; ceux qui ont eu le courage de lire tout le
fatras qui précède doivent goûter un véritable plaisir
à voir enfin la question ainsi précisée.

**

Nous avons osé le mot de fatras ; il n'en est guère
d'autre pour caractériser ce vaste ouvrage où tout se
mêle dans une conversation prolixe entre deux hommes
bavards et désœuvrés. Nous pouvons d'ailleurs le
remarquer dès maintenant, cette prolixité, cette abondance de mots, poursuivant à travers quatre cents pages
une démonstration qui serait beaucoup plus claire et
plus frappante en quarante pages, est un des caractères, disons le mot, un des défauts de la polémique
janséniste au xviie siècle. On se souvient que lors d'une
perquisition domiciliaire chez Saint-Cyran, le grand
Chancelier demeura stupéfait devant l'énorme monceau
de manuscrits qu'on découvrit ; il se demandait avec
terreur comment un seul homme avait pu tant écrire.
Eh bien ! les disciples de Saint-Cyran semblent avoir
hérité de cette plume infatigable, et plus tard nous verrons Nicole ne pas répondre à un ouvrage de Jurieu
par cette seule raison qu'il n'a pas le loisir de faire un

assez gros volume, et qu'il ne veut pas compromettre l'Eglise en pareille aventure.

Il faut d'ailleurs admirer le respect de ces hommes pour la vérité : ils ne veulent pas l'exposer à la légère ; il faut qu'elle soit escortée de gros bataillons de preuves, il faut qu'elle soit cuirassée contre toutes les attaques possibles de l'ennemi. La polémique pas plus que l'art militaire à cette époque ne connaissait encore ni guerillas ni tirailleurs. Il ne faut pas moins admirer le courage des lecteurs qui osaient s'aventurer dans le dédale de ces vastes forêts touffues : il est vrai que les passions surexcitées donnaient alors de l'intérêt aux questions religieuses ; les esprits étaient sérieux et n'étaient pas encore gâtés par la presse quotidienne ; ils prenaient le temps de déchiffrer ces énormes volumes et ils attendaient sans doute la riposte avec autant d'impatience que nous attendons aujourd'hui les dernières dépêches téléphoniques de la capitale.

Nous doutons fort cependant que l'énorme *Saint Augustin victorieux de Calvin et de Molina* ait eu autant de lecteurs que devaient en avoir, quelques années plus tard, les *Lettres de Louis de Montalte à un provincial de ses amis*. Il y a tant de longueurs dans le développement, si peu d'art dans la mise en scène, si peu de vraisemblance dans ce dialogue entre deux compères jansénistes ; et d'autre part il y a dans lesdites « Petites Lettres » tant de mouvement, tant de malice et de vraisemblance, que la comparaison est absolument impossible. Et cependant, M. de Bourzeis était de l'Académie française ! Ce fut d'ailleurs le seul Janséniste militant qui eut cet honneur. Et cependant, très expert en la pratique des Conférences, il croyait avoir fait un coup de maître en donnant la forme du dialogue à ses interminables controverses ; c'est que M. de Bourzeis, à son grand dam, manquait de ce je ne sais quoi qui fait le génie des grands écrivains.

CHAPITRE II

Arnaul, Nicole et la *Perpétuité de la Foi.* — Portrait des deux chefs jansénistes ; — Arnauld et Brachet de la Milletière ; — origine de la *Petite Perpétuité ;* — idée sommaire de la discussion avec Claude ; — objections et réponses.

L'abbé de Bourzeis n'avait attaqué le calvinisme que de biais, pour ainsi dire, et par ricochet : c'était surtout aux Molinistes qu'il en avait ; s'il essayait, au prix de quels efforts, de creuser entre saint Augustin et Calvin un aussi large fossé, c'est qu'au cours de la dispute les Molinistes assimilaient malicieusement la doctrine janséniste à celle des protestants.

Mais voici que de Port-Royal même cette fois deux autres champions s'avancent bravement dans l'arène ; ils sont de tout autre trempe que l'abbé de Bourzeis, et ils vont s'engager à fond. L'un appartient par sa famille à la même province que l'académicien ; il est par sa race de cette Auvergne au relief puissant, aux dures entrailles. Mais tandis que Bourzeis, homme pratique avant tout, se laisse entamer par l'intérêt personnel, comme le basalte par la pioche, le grand Arnauld, d'un caractère plus fort et plus résistant, semble sortir des couches plus profondes du sol, de cette silice éprouvée et durcie par le feu central.

Ses traits nous ont été conservés par le pinceau de P. de Champaigne, son ami, et par le burin d'Edelinck : front élevé et tout bossué et qui semble dur

comme le roc ; tempes plates et larges ; sourcils épais
et cachant des yeux quelque peu torves et luisants et
largement ouverts ; lèvres assez épaisses et bien des-
sinées ; menton proéminent, signe certain, prétendent
les physionomistes, de volonté et d'obstination ; tous
les traits sont assez accentués et cependant il résulte
de cet ensemble une physionomie aussi énigmatique
que celle de la *Joconde* : est-ce la douceur ou la force
qui domine, l'inquiétude ou le défi, c'est assez difficile
à préciser.

Nicole, le frère d'armes et l'ami du grand Arnauld,
a la physionomie plus nette et moins compliquée.
C'est un honnête Chartrain aux mœurs douces et
pieuses, à l'âme assez timide et même tourmentée :
heureux du reste s'il n'eût point rencontré Port-Royal.
C'est un doux entêté, il n'a point la charpente robuste
de l'Auvergnat que la tempête seule pourra briser ;
comme le roseau de la fable, il finit par plier aux
accommodements, aux conditions qu'on lui pose, et il
ne rompt pas. Il est d'un tempérament faible, délicat et souffreteux ; la moindre ascension lui donne
le vertige et il se renferme loin du tracas du monde
dans une retraite prudente. Il a la passion du livre et
de la lecture ; cette passion lui fait perdre presque
entièrement la vue, elle lui fait même parfois, comme
à beaucoup de liseurs acharnés, oublier de rendre les
livres qu'il a empruntés ; il est surtout un écrivain
inlassable, il ne se trouve jamais plus heureux et aussi
plus en sûreté qu'entre les quatre murs d'une cham-
bre, sa plume à la main : il s'en donne alors à cœur

Joie, il écrit, écrit, écrit ; là encore, c'est un bon disciple de l'intarissable Duvergier de Hauranne.

**

Nous n'avons pas à raconter ici quelle lutte acharnée Arnauld et son aide de camp soutinrent pour se défendre contre la condamnation de la Sorbonne et du Saint-Siège, pour rallier l'opinion désemparée, pour racoler des adhérents, pour fournir d'arguments les religieuses obstinées et raisonneuses de Port-Royal. Pendant près de vingt ans, jusqu'à la *paix de Clément IX*, qui fut signée vers la fin de l'année 1668, les deux champions déployèrent une activité et une énergie vraiment surprenantes et dignes d'une meilleure cause. Sous le nom d'*Avis, Remarques, Répliques, Réponses, Observations. Disquisitions, Considérations, Mémoires, Relations, Remontrances, Réflexions, Lettres, Réfutations,* etc., ils ne cessaient de jeter dans le débat d'énormes dissertations justificatives de leur doctrine. Depuis le 24 février 1655, jour où fut publiée la fameuse *Lettre à un duc et pair*, jusqu'au 1er janvier 1669, nous en avons compté plus de cent quarante qui forment la plus grande, sinon la meilleure partie des quarante-quatre volumes in-4° des *Œuvres complètes de M. Arnauld,* et si l'on songe que durant ce temps, les deux Jansénistes étaient obligés de fuir de retraite en retraite pour dépister la police et échapper à la Bastille, on reste vraiment stupéfait de tant d'activité. D'ailleurs, nous ne rappelons ces faits que parce qu'au milieu de tant d'en-

nuis ils trouvaient encore le temps de préparer contre
les Protestants un ouvrage très important. Cette énorme
production s'explique par ce seul fait que partout
où ils se trouvaient, ils vivaient de règle : repas et
récréations à heures fixées, le reste du temps consacré
au travail et à la méditation.

Nous dirons quelques mots seulement d'un premier
ouvrage qu'Arnauld avait publié en 1644 sous ce double titre : *Défense de la vérité catholique contre les
erreurs et hérésies du S*^r *de la Milletière dans son
livre intitulé : Le Pacifique véritable*, composée par
M. Arnauld, docteur en théologie de la maison de Sorbonne et adressée à MM. les Prélats, approbateurs de
son livre *De la Fréquente Communion ;* ou *Lettre de
M. Arnauld*, docteur de Sorbonne, à Messeigneurs les
Illustrissimes et Révérendissimes archevêques et évêques, approbateurs de son livre *De la Fréquente Communion*. Par laquelle il défend la vérité catholique
contre les erreurs et les hérésies du Sr de la Milletière,
dans son livre intitulé : *Le Pacifique véritable*, etc.

Brachet, sieur de la Milletière, est ce controversiste
si connu au XVIIe siècle. D'abord ministre protestant
et farouche partisan de la résistance armée, il est mis
à la Bastille ; il en sort bientôt tout transformé... par
une pension de mille écus, disent ses ennemis, et il
n'a plus désormais d'autre but que de rapprocher les
deux Églises. Il finit par abjurer le protestantisme
en 1646.

Après la publication *De la Fréquente Communion*,
il avait attaqué Arnauld. Au nom de la tradition de

la primitive Église, il réclame la pénitence publique
et antérieure à l'absolution, le Baptême par immersion,
etc. Arnauld lui répond tout d'abord qu'il n'a pas qualité pour parler de ces sacrements, « étant encore de
la communion des hérétiques qui les rejettent », puis
il le réfute en expliquant habilement les textes de
l'Écriture et des Pères allégués par le ministre ; il
termine en lui reprochant, chose rare chez un Janséniste, « son excès de rigueur qui peut faire autant
de mal que l'excès de relâchement des Casuistes,
car, s'il étouffe les âmes en les serrant avec trop de
rigueur, l'autre les jette dans la licence et dans un
entier relâchement. » La Milletière ne parlait pas au
nom des Calvinistes qui, d'ailleurs, l'avaient déjà à
cette époque excommunié plusieurs fois ; il n'y a pas
là de controverse proprement dite contre les protestants, nous passerons donc de suite à la première
grande bataille que Nicole et Arnauld leur livrèrent.

*
* *

En 1659, M. le Maître avait composé un *Office du
Saint-Sacrement,* à l'usage des religieuses de Port-
Royal qui s'étaient, comme on sait, vouées à l'Adoration perpétuelle. Cet office ne renfermait d'abord, avec
les prières ordinaires, que les leçons qui se récitent le
jour de la fête et pendant l'octave du Saint-Sacrement.
M. le Maître en ajouta six pour chaque jeudi de l'année,
ce qui les portait au nombre de trois cent douze ; elles
étaient tirées des meilleurs ouvrages des Pères sur
l'Eucharistie, depuis saint Ignace d'Antioche jusqu'à

saint Thomas d'Aquin. M. de Luines en fit une traduction en français, que l'on ajouta au texte latin, afin,
dit Arnauld, « qu'en observant la coutume de l'Eglise,
qui oblige de faire les prières publiques en latin, les
religieuses pussent aussi suivre l'esprit de l'Eglise,
qui souhaite que ses enfants se nourrissent des saintes
instructions qui sont renfermées dans les prières qu'elle
leur prescrit. »

Une *Table historique et chronologique des SS. Pères
et des auteurs dont on a tiré les leçons* fut mise à la
suite et le tout fut publié sous le titre de *Tradition de
l'Église touchant l'Eucharistie*. Ce titre était choisi à
dessein, « car il est certain, disait Arnauld dans la
préface, que cette nuée de témoins dont parle saint
Paul, et qui dans tous les siècles de l'Eglise dépose
pour la foi dont nous faisons profession, est de soi-
même très capable d'en persuader ceux d'entre les
Calvinistes qui chercheraient sincèrement la vérité,
etc... ». L'intention était assez évidente ; les Calvinistes
ne s'y trompèrent point. En 1665, il fut imprimé à Charenton, chez Estienne Lucas, une *Réponse à l'office du
Saint-Sacrement*. Le ministre y reconnaît que les
auteurs de l'*Office* étaient « scavans et fort versés dans
la doctrine des anciens Pères : ils avaient l'esprit
éclairé, le goût délicat, le jugement solide, la plume
très bonne, etc. Quoique anonymes, ils se font assez
connaître par la beauté de leur style, la richesse de leurs
expressions, la pureté de leur langage, etc. » Evidemment le ministre soupçonne là de nouveaux adversaires,
et s'il les couvre ainsi de fleurs, c'est sans doute qu'il

espère les désarmer et éviter ainsi une querelle de
famille.

Nicole d'ailleurs, on le savait, avait écrit une assez
longue Préface, qui devait être mise en tête de l'*Office
du Saint-Sacrement* ; au dernier moment on la retira,
« afin de ne rien mêler qui sentît la controverse dans
un écrit où l'on ne se proposait que d'éclairer et de
nourrir la piété des fidèles pour ce saint mystère.... »

Nicole, en effet, y réfutait un livre du ministre
Aubertin : *Conformité de la créance de l'Église et de
saint Augustin sur le sacrement de l'Eucharistie, opposée à la réfutation des cardinaux du Perron, Bellarmin et autres. Divisé en trois livres in-8° de 516 pages
à 34 lignes.* Ce livre avait d'abord été peu remarqué.
Mais une seconde édition en 1633 ayant été publiée
sous un titre très long, où l'Eglise catholique était
insultée dans la personne de ses défenseurs, le clergé
protesta et supplia Louis XIII de « faire observer les
édits qui défendaient aux ministres d'user de convice
contre ceux qui font profession de la religion catholique, apostolique et romaine, et particulièrement contre les prélats et docteurs de l'Eglise. » Il y eut procès et le premier titre dut reparaître.

Cet ouvrage naturellement fut fort vanté par les
ministres, et quoique peu lu par le commun du parti,
y passa pour un chef-d'œuvre. La première partie est
consacrée « à l'examen de la matière par l'Ecriture
sainte et le raisonnement » ; dans la seconde, l'auteur
recherche la croyance de l'Eglise durant les six premiers siècles, par la discussion de textes de Pères ;

dans la troisième enfin, il essaye de faire « l'histoire de l'introduction des doctrines de la transubstantia-tion et de la présence réelle. »

La Milletière, après sa conversion en 1646, l'avait refuté, mais avec plus de déclamation que de vraie science ; malgré la notoriété du nouveau converti, la réfutation fut peu lue. Le livre d'Aubertin ne l'était guère plus ; cependant en 1654, le ministre Blondel, ami et compatriote d'Aubertin (ils étaient tous deux de Châlons-sur-Marne), auteur lui-même d'*Éclaircis-semens familiers de la controverse de l'Eucharistie*, et d'une *Réplique à La Milletière*, avait publié une tra-duction latine de la *Conformité de la créance, etc*. Dans la préface, il avait déployé toutes les ressources de son érudition et toutes les subtilités de sa logique contre le dogme de la présence réelle : comme Auber-tin, il convenait bien que ce dogme était universelle-ment admis au xie siècle, mais il prétendait que l'an-tiquité ne l'avait pas connu.

C'est contre cette théorie des deux ministres que Nicole avait dirigé son petit Traité-Préface. Comme cet écrit n'avait pas été imprimé, on en avait fait deux ou trois copies pour les donner à des personnes à qui cette lecture pouvait être utile. De ce nombre très pro-bablement fut Turenne, qui dès lors cherchait la vérité, et même ce fut sa femme, calviniste obstinée, qui en communiqua une copie à Claude, s'il faut en croire Bayle, afin qu'il détruisît l'effet produit sur le maréchal. Le ministre Claude n'était pas encore aussi célèbre qu'il le devint plus tard, après sa fameuse conférence avec Bossuet. Il était, à cette époque, venu à Paris pour plaider contre un arrêt du Conseil, qui lui interdisait d'exercer son ministère dans le Languedoc. Il ne fut agréé que deux ans plus tard, en 1666, par l'église de Charenton, qui « ne voulut pas qu'on lui enlevât un homme d'un si grand mérite ».

Ayant donc lu le travail de Nicole, il y fit une réponse qu'il destinait sans doute à Turenne et où il mettait en lumière la thèse d'Aubertin et de Blondel ; il n'avait pas la science de ses deux confrères, mais il écrivait beaucoup mieux, son style est beaucoup plus vif et plus piquant. « Cette réponse, dit Nicole lui-même, était fort ingénieuse ; il ne lui manquait rien que la vérité et la solidité qui ne se peut pas suppléer par l'adresse de l'esprit. » Elle courut bientôt manuscrite à Paris et dans les provinces, « si bien qu'elle n'était guère moins publique que si elle avait été imprimée. » C'était un véritable succès pour le Calvinisme ; afin d'y couper court, on se décida enfin à Port-Royal à faire imprimer le traité de Nicole, qui parut en décembre 1664 sous ce titre : *La Perpétuité de la Foy de l'Église catholique touchant l'Eucharistie* avec la *Réfutation de l'écrit d'un ministre contre ce traité. Divisée en trois parties, in-12.* Elle était donnée sous le pseudonyme de Sieur Barthélemy et approuvée par plusieurs docteurs de Sorbonne et en particulier par l'abbé Jacques Boileau. C'est ce qu'on a appelé la *Petite Perpétuité,* pour la distinguer de la *Grande* qui fut publiée plus tard, comme nous le verrons, en

trois volumes in-4º et complétée par deux autres in-4º,
dus à la plume de Renaudot, du P. de Paris, etc.

***

La *Petite Perpétuité*, suivie de la *Réfutation de M. Claude*, est un des meilleurs ouvrages de Nicole, car c'est un des plus courts. Nous allons en donner une analyse assez succincte : Le ministre Claude est obligé d'avouer comme Aubertin et Blondel, que « ces abus de la transsubstantiation et de la présence réelle » comme ils disent, n'ont pu naître tout d'un coup comme des champignons. Il n'ose pas prétendre qu'il y a dans l'histoire des traces de ce changement, pourtant si important, mais il essaie d'expliquer comment il a pu se faire ; « il bâtit des degrés imaginaires, par lesquels il fait passer cette créance », il place le premier vers l'an 635 et il fait dire à Anastase le Sinaïte, que ce que nous recevons dans l'Eucharistie n'est pas l'antitype, mais le corps de Jésus-Christ, Anastase le Sinaïte serait donc le premier qui ait parlé du corps de Jésus-Christ dans l'Eucharistie. Cette opinion aurait été embrassée par Germain patriarche de Constantinople en 720, par Jean de Damas en 740, par les évêques du deuxième Concile de Nicée en l'an 787, par Nicéphore de Constantinople en 806 et par le Concile de Francfort, vers la même époque, en 794.

En moins d'un siècle, cette nouveauté se répand d'Orient en Occident, et personne ne proteste ! Et tous acceptent ces définitions de Conciles ! C'est certainement, conclut Nicole, parce que Anastase le Sinaïte et tous les autres ne faisaient qu'exprimer la croyance générale de leur temps. Nicole prend ensuite la peine d'étudier et d'expliquer chacune des allégations de Blondel et d'Aubertin ; il cite de nombreux textes formels de saint Ignace, de saint Jean Chrysostôme, où le mot antitype signifie la représentation d'un objet réellement présent, « comme nous disons, par exemple, que le visage ou les yeux sont les images de l'âme, comme les langues de feu, au jour de la Pentecôte, étaient la figure, l'antitype du Saint-Esprit qui y était présent. » L'abondance des textes ne laisse pas de doute dans des esprits qui ne cherchent que la vérité : évidemment, les Pères de l'Église croyaient à la présence réelle de Jésus-Christ dans l'Eucharistie.

Néanmoins Aubertin prétend que c'est depuis « la fin du IXe siècle jusques au commencement de l'onzième, que l'opinion de la présence réelle a occupé tous les esprits de toute la terre ». Mais, répond Nicole, il y a eu tant de Conciles à cette époque que les deux créances n'ont pas pu subsister en même temps : ce dogme est en effet extrêmement important dans l'Église, « il intéresse tout le culte chaque jour, et les évêques n'ont pas pu négliger de fixer la doctrine sur ce point ». Il y a bien eu au moyen âge des discussions sur l'Eucharistie, mais elles touchaient des points secondaires et même supposaient toutes la foy à la présence réelle, telle l'opinion des Stercoranistes qui enseignaient que le corps de Jésus-Christ était mangé des fidèles, et le réduisaient à la condition des viandes communes qui sont digérées par l'estomac. Et quand encore quelques auteurs auraient erré sur la présence réelle, cela n'infirme en rien la croyance de l'Eglise universelle à cette époque. Et d'autre part peut on croire que quelques obscurs théologiens occidentaux aient pu imposer leur nouveauté à toute l'Église schismatique d'Orient.

Claude dans sa *Réponse* se garda bien d'attaquer de front cette argumentation de Nicole : il était trop intelligent pour ne pas en sentir toute la force. Aussi essaya-t-il tout d'abord de donner le change et de se jeter en dehors de la question historique, pour rentrer dans la discussion dogmatique. Il commença par faire un abrégé des principaux passages et des principales difficultés qu'Aubertin et Blondel avaient proposés contre la créance de l'Eglise catholique ; il espérait ainsi éblouir les yeux des simples et obliger le controversiste à s'engager dans une infinité d'autres matières. Il entasse tous les textes de l'Ecriture sainte et des Pères que l'on peut interpréter en dehors de la présence réelle ; il multiplie les objections contre la Transsubstantiation, expose avec complaisance ce qu'il y a là d'inexplicable à la raison humaine, etc.

Nicole se garde bien de le suivre sur ce terrain et d'entamer aucune discussion de détail. Il lui fait dans la première partie de sa *Réfutation* une réponse générale, et cette réponse à notre avis est excellente, car elle s'adressait à un homme encore croyant après tout, et intéressante, car elle dépasse les limites de cette question particulière. La voici en substance : Vous accumulez à plaisir toutes les difficultés, toutes les obscurités que trouve votre raison dans l'Eucharistie ; mais

cela ne prouve rien, car cela prouve trop ; on peut en
faire autant à propos de la Trinité, de l'Incarnation, de
la Rédemption, du péché originel, et en somme de
tous les dogmes que vous acceptez comme nous. Et
puis ces difficultés ne prouvent rien contre les dogmes;
tout au contraire elles sont voulues de Dieu qui s'est
caché dans l'ancien et le nouveau Testament, et qui
n'a point voulu que les vérités de la foi fussent proposées aux hommes avec tant d'évidence. Il lui était en
effet bien facile d'ôter toute obscurité, et ici Nicole fait
un tableau très frappant de tout ce qu'il y a d'inachevé,
pour, ainsi dire, à nos yeux dans la Révélation ; il
déclare en une conclusion peut-être un peu trop janséniste « que Dieu eust peut-être agi autrement s'il
n'eust voulu exercer que sa bonté sur les élus, mais il
a voulu en même temps exercer sa sévérité sur les
méchants ; s'il veut découvrir aux uns ses mystères
par miséricorde, il veut les cacher aux autres par justice.... Et d'ailleurs que peuvent faire la douzaine de
textes allégués par les Calvinistes contre la multitude de
ceux sur lesquels s'appuie la foi de l'Eglise romaine» ?
Claude avait ensuite demandé pourquoi les païens ne
s'étaient pas servis de l'Eucharistie pour répondre aux
objections que les chrétiens leur faisaient sur leurs
fausses divinités : c'est donc qu'à cette époque on ne
croyait pas à la présence réelle ! Mais, répond Nicole,
que savons-nous s'ils n'en ont pas parlé ? Il y a tant de
choses dans les discussions qui ne sont point passées
dans les livres ? Ne peut-on pas dire aussi que l'Eglise
leur a caché ce mystère avec grand soin. Ils ne se ser-

vent d'ailleurs pas plus du péché originel ou de la Trinité, dogmes qui étaient cependant connus de tous et enseignés publiquement. C'est que les païens se contentaient d'attaquer la religion chrétienne en gros, pour ainsi dire, c'est que la lutte entre les deux religions n'a pas tant été un combat de raison contre raison, que de la violence et de la force contre la vérité... C'est que les païens avaient un tel mépris de tous les chrétiens qu'ils s'informaient peu du fond de leur religion. Si les Pères n'ont pas expliqué dans le détail toutes les merveilles de la sainte Eucharistie, c'est que Dieu voulait dans la suite punir les hommes par l'hérésie des Sacramentaires et des Calvinistes, car il faut qu'il y ait des hérésies, et s'il n'y avait point d'obscurités dans le dogme, il n'y aurait jamais d'hérésies ! » La raison, il faut l'avouer, est assez piquante et inattendue : il faut la noter au passage, car le doux Nicole met rarement de l'esprit et de l'humour dans sa controverse.

Mais jusqu'ici Claude n'avait opposé que des raisons pour ainsi dire négatives, que des objections que détruisait facilement la réponse générale de Nicole ; il sentait bien qu'il fallait quelque chose de plus direct. Il ne pouvait reprendre la théorie du changement de foi passant à époques déterminées d'Orient en Occident. Nicole y avait trop bien répondu. Il ne fallait pas cependant que l'imagination calviniste restât à court, et il inventa une autre théorie beaucoup plus ingénieuse et plus perfide. Nicole, qui ne dissimule jamais les objections, chose rare chez un controversiste, expose tout au long avant de le réfuter le système nou-

veau de Claude : L'erreur et la vérité ont également
deux degrés, l'une de connaissance confuse, et l'autre
de connaissance distincte, et à peine peut-on remarquer
quelque différence entre elles, pendant qu'elles sont
en ce premier degré de connaissance confuse. Or,
avant qu'une erreur ait fait du bruit et se soit fait
remarquer par le combat, la plus grande partie de
l'Eglise, le peuple et une bonne partie des pasteurs, se
contentent de tenir la vérité dans ce degré indistinct.
Et ainsi il est aisé à une erreur nouvelle de s'insinuer
et de s'établir dans les esprits, sous le titre d'éclaircissement donné à la vérité ancienne... »

Voilà le principe tel que le ministre le pose de ce style
clair et facile, qui le distingue d'Aubertin et des autres
ministres, de ce ton affirmatif qui pourrait en imposer
à des esprits peu habitués à découvrir le sophisme.
Et tout aussitôt, sans prouver ce principe qui a cependant bien besoin de l'être, il l'applique à l'Eucharistie :
« Avant que la Transsubstantiation s'établît, dit-il,
chacun croyait que Jésus-Christ était présent au Sacrement et que son corps et son sang y sont vraiment
reçus par les fidèles qui communient (on voit qu'il
est déjà loin de la théorie d'Aubertin, et que la réponse de Nicole a porté) c'était là la foy de toute la
terre..., mais il y en avait peu qui portassent leur méditation assez avant pour marquer au juste la différence
des deux opinions qui séparent aujourd'hui les Réformez des Romains ; il y en avait même qui ne savaient
la vérité qu'en gros, et ainsi quand l'erreur est venue
là-dessus, quand elle a déclaré qu'il faut entendre

que Jésus Christ est présent dans l'Eucharistie subs-
tantiellement et localement... ça été sans doute une
nouveauté bien extraordinaire, mais il n'est pas étrange
que beaucoup de monde y ait été trompé... et qu'ils
aient pris cela non pour une nouveauté, mais pour
un éclaircissement de la foy commune. »

Voilà nettement exposé ce système de la « créance
confuse » des premiers fidèles. Claude qui a décidément l'esprit très délié l'imagine pour les besoins de sa
cause ; mais il aura grande fortune dans le Protestantisme. Jurieu quelques années plus tard le reprendra
pour son propre compte ; il le perfectionnera et l'ap-
pliquera aux autres dogmes : très rudimentaire en
naissant, la doctrine chrétienne selon lui se développe
sans cesse dans la suite des temps ; de là les grandes
colères et les invectives de Bossuet, qui prouvera avec
éloquence que la doctrine catholique n'a jamais été
« informe » et que l'histoire des dogmes ne peut pas
être écrite comme celle des opinions philosophiques.

Quoi qu'il en soit, en 1665 la théorie calviniste est
plus restreinte et plus modeste. Nicole reconnaît
qu'elle est « adroite » et « spirituelle », mais il en voit
en même temps toute la perfidie et toutes les conséquences ; aussi emploie-t-il toute sa dialectique et
toute sa science pour la réfuter ; il prouve clairement
que les premiers chrétiens n'ont pas eu « qu'une créance confuse » du mystère de l'Eucharistie. « Ont-ils
pu en effet pendant plus de mille ans recevoir le corps
de Jésus-Christ, *Corpus Christi*, et répondre en le recevant : *Amen !* c'est vrai ! sans se rendre compte

exactement si oui ou non c'était bien le corps de Jésus-Christ ? Ont-ils pu rester dans le doute entre diverses opinions sur un sujet si important ? Sont-ils restés dans une telle indifférence qu'ils n'ont jamais examiné le dogme pour le rejeter ou pour l'admettre ? Cela est contraire à la nature de l'esprit humain et à toute l'histoire. » Et là-dessus Nicole cite de nombreux textes de Pères qui ont parlé du corps et du sang de Jésus-Christ au sens réel et direct, et qui ne peuvent être interprétés au sens métaphorique ; il prouve que les fidèles ne pouvaient les entendre en ce dernier sens. C'est de la théologie devenue banale aujourd'hui, aussi nous nous dispenserons d'insister sur cette argumentation.

Claude avait cru triompher en affirmant que la créance à la présence réelle s'était insinuée sans bruit et que l'adoration n'était venue qu'après. « J'avoue, disait-il, que si on eût commencé par l'introduction du culte, le changement eût été plus surprenant et plus sensible ; mais on a fait marcher la doctrine devant sans toucher aux conséquences. » Imprudent controversiste qui fournit précisément à son adversaire des armes pour le battre. Nicole en effet dans sa réponse commence par prouver d'après les Protestants eux-mêmes que « l'adoration de l'Eucharistie est une suite si naturelle de la foy de la présence réelle, qu'il est incroyable qu'il se soit trouvé des personnes assez folles pour pouvoir séparer deux choses que la piété et la raison unissent si étroitement. » Ceci posé, il prouve en remontant la suite des âges que l'Eucharistie a été

adorée dès les premiers siècles de l'Eglise, et si elle
a été adorée, c'est que l'on croyait à la présence réelle.
L'objection, comme on le voit, est retournée avec habileté et à-propos. D'ailleurs, conclut-il, le ministre ne
cite aucun exemple de changement insensible qui ait
quelque rapport avec celui qu'il prétend être arrivé sur
le sujet de l'Eucharistie. Il a pu y en avoir sur les
points accessoires et de pure discipline, sur l'élévation
de l'hostie, sur la communion sous les deux espèces,
mais cela est indifférent à la présence réelle.

Nicole réfute enfin la troisième partie de la *Réponse*
qu'il trouve d'ailleurs « plus faible et de moins bonne
foy que les deux autres » ; il suit pas à pas le ministre
et explique avec sagacité tous les exemples qu'il avait
allégués à propos de Jean Scot, du conciliabule des
Iconoclastes, du livre de Bertram ; il défend autant
qu'il est possible les xe et xie siècles contre les attaques
des Protestants ; il rappelle encore une fois que toutes
les sectes séparées de l'Eglise Romaine sont d'accord
avec elles sur le sujet de la Transsubstantiation, et
principalement les Grecs, et il s'étonne en terminant
de cette « hardiesse des ministres à nier les choses les
plus évidentes et les vérités de fait les plus constantes ». Il trouve étrange que ces « passions se mêlent
dans des disputes où ceux qui contestent ont tant
d'intérêt de trouver la vérité, puisqu'il n'y va de rien
moins que d'une éternité de malheurs. Mais l'expérience
ne fait que trop voir que ces raisons prises de l'autre
monde font peu d'impression sur l'esprit des hommes
et que celles des intérêts personnels sont d'ordinaire

plus fortes et plus puissantes dans les matières de religion que dans aucune autre. »

Nicole, on le voit, ne se fait pas d'illusions sur l'efficacité des controverses ; ne voyait-il pas en effet depuis plus de vingt ans de graves et savants Docteurs disputer sur la grâce sans que d'aucun côté on eût cédé quoi que ce soit ? N'était-il pas lui-même, au dire de Brienne, l'inventeur de la distinction du fait et du droit « à quoi sans lui M. Arnauld et M. de Lalane n'auraient jamais pensé » ? Et la discussion avec les Protestants ne se continuait-elle pas depuis bientôt cent cinquante ans, sans que l'on ait beaucoup gagné contre eux ? Cependant la *Petite Perpétuité* fit tout de suite grand bruit ; partout durant toute l'octave du Saint-Sacrement, les Prédicateurs prêchèrent contre la possibilité de l'innovation. Les chaires catholiques et protestantes, dit Bayle, ne retentissaient alors que de Paschase, de Laufranc, de Ratramne, etc.

Claude, comme il fallait s'y attendre, ne se tint pas pour battu : il se hâta de publier avant la fin de l'année 1665 sa *Réponse aux deux Traités, intitulés : La Perpétuité de la Foy de l'Eglise catholique touchant l'Eucharistie*, in-4° et in-12. Cet ouvrage fut accueilli avec enthousiasme par les protestants : il y en eut sept éditions de la fin de l'année 1665 jusqu'en 1668. Il n'y avait cependant, comme le dit Arnauld, rien du tout de nouveau ni d'extraordinaire pour les choses ; il n'y avait que les passages et les raisons communes d'Aubertin, entassés assez confusément et avec peu d'ordre et peu de lumière. Et cette « netteté d'expression, cette vivacité d'imagination qui attire le plus d'applaudissements à cet ouvrage » est précisément ce qui plaisait le moins à l'austère janséniste.

Ce qui devait l'irriter surtout, c'est que certains Catholiques prenaient part à ces « applaudissements » scandaleux : il paraît même que le libraire de M. de Péréfixe, archevêque de Paris, vendait des exemplaires du libelle calviniste. D'autre part les ennemis des Jansénistes feignaient de s'inquiéter et trouvaient mal que l'on eût engagé le dogme catholique en pareille aventure. Le P. Nouët, jésuite, prétendit venir au secours de Nicole, et pour ne pas laisser, disent les Jansénistes, à ces MM. de Port-Royal la gloire d'avoir combattu seuls contre les Calvinistes, il publia en 1667 un écrit qui avait pour titre : *La présence de Jésus-Christ dans le Saint-Sacrement* pour servir de réponse au ministre qui a écrit contre la *Perpétuité de la Foy*. Claude répondit, mais il le fit avec beaucoup de ménagements et une très grande habileté : ne déclarait-il pas en effet dans sa préface « qu'il était obligé désormais de considérer le P. Nouët comme le véritable défenseur de l'Eglise Romaine, sans vouloir permettre aux écrivains de Port-Royal de rentrer en lice, désavoués qu'ils étaient par l'Église Romaine.... » Il est difficile d'être plus cruel et plus habile.

CHAPITRE III

La Grande Perpétuité. — Situation des chefs jansénistes en 1667 et la paix de l'Eglise ; — approbations données à la *Grande Perpétuité*, œuvre de Nicole ; — nouvelle méthode de controverse ; argument de prescription ; — témoignage des Églises orientales.

A cette époque, en effet, Arnauld et Nicole étaient encore en révolte ouverte contre le Pape et contre le roi. Une Déclaration royale du 25 avril 1664 avait ordonné la signature du fameux Formulaire ; les deux chefs du Jansénisme refusaient obstinément de signer et ils étaient de ce chef traqués par la police royale. Ils changeaint souvent de domicile et de nom. A partir de 1665 ils restèrent cachés et déguisés en gentilshommes, à l'Hôtel de Mme de Longueville, cette mère de l'Eglise, rue Saint-Thomas du Louvre ; ils y vivaient d'ailleurs à leurs frais, car un bon Janséniste ne reçoit l'aumône de qui que ce soit.

Bientôt cependant commencèrent les négociations pour la *Paix de l'Eglise*. Clément IX avait succédé en juillet 1667 à Alexandre VII. On le disait conciliant. La commission de neuf prélats, nommée pour juger les quatre évêques réfractaires, finit par être la dupe de la comédie que l'on sait. M. Vialart, évêque de Châlons, et M. de Gondrin, archevêque de Sens, l'un par sa sainteté de vie, l'autre par son habileté politique, apportèrent aux Jansénistes un précieux appui. Ils rédigèrent une *Lettre* au Pape où en termes très modérés ils justifiaient les quatre évêques et où ils suppliaient Sa Sainteté d'accorder à l'Eglise de France comme don de joyeux avènement une paix que tous désiraient. Mme de Longueville elle aussi, sans doute sous la dictée de Nicole et d'Arnauld, écrivit à Rome une lettre très habile où entre autres choses elle déclarait que « ces Messieurs ont toujours été prêts de cesser d'écrire, ou de ne plus écrire que pour défendre la foi de l'Église contre les Calvinistes. »

Les négociations très compliquées durèrent ainsi pendant plus de quinze mois avec des alternatives d'espoir et de découragement pour les Jansénistes. Saint-Simon dans ses *Additions* au *Journal de Dangeau* leur prête même le projet à cette époque d'acheter une île en Amérique où ils devaient se retirer « pour échapper aux persécutions qu'ils essuyaient en Europe. » Un autre qui se réalisa en partie fut d'acheter l'île de Nordstrand. Sans rappeler dans le détail cette curieuse histoire, il suffit de dire ici qu'à cette époque Port-Royal avait engagé beaucoup de capitaux dans cette entreprise de colonisation et qu'il se réservait sans doute la faculté d'émigrer sur les côtes du Holstein, si les affaires n'aboutissaient pas en France. Ce projet d'ailleurs n'était pas du goût de tous les Jansénistes, et l'on disait couramment que « cet achat était une des folies de M. Nicole, qui s'était imaginé que ce bien leur rapporterait beaucoup ».

Au milieu de tous ces projets et de toute cette agitation, Arnauld et Nicole, enfermés dans l'Hôtel de

Longueville, ne cessaient de travailler. En 1667, ils font publier à Amsterdam, chez les Elzévir, mais sous le nom d'un libraire de Mons, une *Traduction du nouveau Testament ;* elle avait été préparée à Port-Royal « par M. le Maistre qui en a creusé les fondements, par M. de Sacy qui a élevé tout l'édifice et par M. Arnauld qui a mis le comble. » *Lettre de la Mère Angélique de Saint-Jean à Arnauld,* 1668. Cette publication était très difficile : elle se faisait malgré toutes les autorités civiles et ecclésiastiques. Elle n'en eut que plus de succès, et il fut bien vite de très bon ton d'avoir sur sa table et dans sa ruelle « en très élégante reliure ce nouveau Testament élégamment traduit et élégamment imprimé. »

Mais un autre travail moins compromettant, et que ces Messieurs poursuivaient activement en même temps, était celui de la controverse contre Claude. Le succès de la dernière *Réponse* du ministre les avait décidés à étendre le petit volume de la *Perpétuité.* On a dit qu'ils poursuivaient cette controverse non sans arrière-pensée d'intérêt personnel : ils espéraient bien que cette défense du dogme catholique ne nuirait pas à la conclusion de la « Paix », et que les Calvinistes devaient payer les frais de la guerre. Semblable calcul n'est guère dans le caractère d'Arnauld, sinon dans celui de Nicole. D'autre part, il faut remarquer que ces Messieurs ne désarmaient guère en publiant la *Bible de Mons.* Et c'était bien leur droit après tout de prouver à tous qu'ils n'avaient rien de commun avec le Calvinisme et qu'il n'existait pas entre eux et les ministres d'entente tacite, comme leurs ennemis ne craignaient pas de les en accuser.

Quoi qu'il en soit, la coïncidence est à remarquer : le 8 octobre 1668 arrivait à Paris le Bref par lequel le Pape confirmait la *Paix* déjà signée entre les parties le 10 septembre ; le 13, Arnauld au sortir d'un dîner chez M. de Gondrin en compagnie du coadjuteur de Reims est présenté au Nonce qui le reçoit avec affabilité et lui déclare « qu'il a une plume d'or » contre les protestants s'entend ; le 23, un arrêt du Conseil déclare, en termes qui ne satisfont complètement personne d'ailleurs, que tout est fini, tout oublié ; dès le lendemain Arnauld est présenté par son neveu Pomponne au Roy qui souhaite « qu'il pût employer les talents que Dieu lui avait donnés à défendre l'Église », et le 6 novembre suivant le privilège et la « permission d'imprimer » étaient accordés au premier volume de la *Grande Perpétuité* qui était « achevé d'imprimer pour la première fois » le 25 février 1669 sous ce titre : *Perpétuité de la Foy de l'Eglise Catholique touchant l'Eucharistie, deffendue contre le livre du sieur Claude, ministre de Charenton,* avec cet exergue : *Quod apud multos unum invenitur non est erratum, sed traditum.* A Paris, chez Hilaire Foucault, rue Saint-Jacques, dans la Vieille Poste, au fond de la cour.

L'ouvrage, in-4° de 900 pages, est dédié à Clément IX et précédé d'une lettre en très beau latin qui déclare que « le Pape régnant a toutes les qualités en général, mais en particulier la douceur et la bonté, vertus si nécessaires à l'union et à la paix de l'Église». De tout cet énorme volume, Arnauld n'a écrit que la dédicace ; il s'est contenté de fournir les textes et Nicole les mettait en œuvre de ce style que tout le monde connaît, facile, clair, mais éteint, sans imagination, sans flamme, sans aucun relief ; c'est le style janséniste dans toute sa perfection. L'ouvrage tout entier fut cependant attribué à Arnauld : Nicole s'était dérobé par modestie et il avait exigé que son ami passât pour auteur : « Vous êtes prêtre et docteur lui avait-il dit, et moi je ne suis que simple clerc ; (Nicole n'a jamais voulu recevoir les Ordres majeurs : il semble avoir été une âme timorée et hésitante qui n'a jamais été bien sûre de sa vocation) il est convenable que l'on n'envisage que vous dans un travail où il faut parler au nom de l'Eglise et défendre sa foi dans des points si importants. »

On s'y trompa donc assez longtemps, et jusque fort avant dans le XVIIIe siècle l'ouvrage fut attribué au seul Arnauld. Les vingt-sept archevêques et évêques et les vingt-quatre docteurs dont les approbations sont en tête du livre ne parlent que d'Arnauld. La plupart naturellement sont de ceux qui n'ont jamais montré d'hostilité au Jansénisme ; tous se félicitent de l'heureuse conclusion de la Paix et font l'éloge d'Arnauld « cet homme admirable en science et en vertus, que Dieu a suscité pour défendre la vérité du mystère de l'Eucharistie (M. Vialart, évêque comte de Châlons);

« ce docteur que le Fils de Dieu a suscité et éclairé de ses véritables lumières, et qui trouvera autant d'approbateurs qu'il aura de lecteurs (M. Antoine Godeau, évêque de Vence, l'ancien *nain* de Julie) etc. Presque tous constatent que c'est un livre excellent contre les Calvinistes, car « si la conversion des hérétiques de ce temps dépendait seulement de la conviction, ce livre convertirait infailliblement les doctes et les ignorants, les dociles et les obstinés (M. de Montgaillard, évêque de Saint-Pons); ils espèrent avec Louis-XIV que « l'auteur consacrant tous ses travaux à la défense de l'Église emploiera les talents avantageux qu'il a reçus de Dieu à éclaircir avec la même netteté et même force d'esprit les autres controverses que nous avons avec les hérétiques (M. de Laval de Bois Dauphin, évêque de la Rochelle). Quelques-uns même regrettent que « des théologiens catholiques aient entrepris de diffamer l'auteur de la *Perpétuité*, et d'ôter, s'ils pouvaient, la force à ses ouvrages en tâchant de le rendre suspect (M. de Guron, évêque de Tulle).

Mais Bossuet seul — il était alors doyen de l'église de Metz et son approbation figure parmi celles des Docteurs — Bossuet devina ce qu'il y avait de nouveau et d'original dans l'ouvrage de Nicole. Il a lu attentivement cet énorme volume, et son génie pénétrant plus à fond la question, il déclare que « M. Arnauld n'a pas seulement établi tout ce qu'il a promis d'une manière invincible et qu'il porte la preuve jusqu'à l'évidence de la démonstration, mais qu'il a outre cela donné des principes par lesquels on peut composer tout un corps de controverses ; » et ce qui le touche le plus c'est que « l'auteur a répandu et appuyé partout les saintes et inébranlables maximes qui attachent les enfants de Dieu à l'autorité sacrée de l'Église, toujours présente pour les enseigner dans tous les siècles. »

Eh ! oui, certes, il y avait là en germe « tout un corps de controverses » ou plutôt cet ouvrage de Nicole allait transformer la controverse catholique, lui donner une force qu'elle n'avait pas encore connue et la mener jusqu'au triomphe définitif sur le Calvinisme dogmatique. L'histoire allait avantageusement prendre ou plutôt reprendre sa place à côté du raisonnement dans les discussions religieuses. Mais pour bien comprendre ce fait important dans l'Histoire de la Controverse et même dans l'Histoire de l'Eglise, il est nécessaire de remonter un peu plus haut et de préciser la question.

*
* *

Durant tout le xvie siècle, la controverse entre Catholiques et Protestants fut très touffue et très embrouillée : de part et d'autre on multipliait à plaisir les objections et les points en litige. De plus les Protestants n'admettaient comme moyen de discussion que l'examen de l'Ecriture sainte ; ils dédaignaient de considérer la foi ancienne de l'Église ; les Catholiques et du Perron lui-même, le terrible controversiste du xvie siècle, avaient fini par y renoncer. Mais au xviie siècle, les Calvinistes, sous la menace du Socinianisme qui ne faisait que pousser à l'extrême leur principe de libre examen, commencèrent à tenir compte de l'antiquité, des Pères, des Docteurs, des Conciles, et, à sentir la nécessité d'un « Juge des Controverses ». Balzac disait déjà dans son *Socrate Chrétien*, Discours X : « Les Huguenots commencent à être un peu plus honnêtes avec les Pères et à les traiter plus civilement. »

Le ministre Aubertin fut un des premiers qui remit en honneur chez les Protestants l'étude des antiquités ecclésiastiques ; dès 1626 il publiait sa *Conformité de la créance de l'Eglise* (calviniste) *et de saint Augustin sur le sacrement de l'Eucharistie* ; Dumoulin, malgré son mépris pour les Pères, essaie, à force d'érudition dans sa *Nouveauté du Papisme opposée à l'antiquité du vrai christianisme...* etc. « d'arracher à ses adversaires le masque d'antiquité dont ils se parent. » Daillé, après avoir critiqué cette méthode et prétendu que « la foi ne saurait se fonder que sur les Écritures et qu'il ne sert de rien de rechercher et d'invoquer les opinions des saints Pères », finit par étudier dans une suite d'ouvrages historiques les « idées et coutumes de l'Église ancienne ». Vers 1660 presque tous les Protestants admettent que « perpétuité est marque de vérité, variation marque d'erreur » ; ils acceptent à peu près tous le fameux axiome du *Commonitorium* de Vincent de Lérins, si célèbre au xviiᵉ siècle : *Magnopere curandum est ut id teneamus quod ubique, quod semper, quod ab omnibus creditum est* ; mais en même temps ils s'efforcent d'arracher à l'Église Romaine ce consentement de tous les siècles, cette perpétuité dont elle autorisait sa créance.

Quoique tout d'abord un peu surpris par ce retour offensif sur leur propre terrain, les Catholiques se ressaisirent bien vite ; les Jansénistes, de par leur étude approfondie de saint Augustin et aussi des autres Pères, se trouvèrent les premiers prêts à la riposte. La *Perpétuité* est en tête d'une série d'ouvrages qui vont se multiplier jusqu'à la fin du siècle, pressant le Calvinisme jusqu'en ses derniers retranchements et le forçant à faire dans sa doctrine une évolution complète, mais funeste pour lui. Bossuet, qui sera un des plus rudes champions de cette lutte suprême et qui dès lors s'y préparait activement à Metz, fut heureux de trouver dans ce volume la méthode qui désormais sera la plus efficace et la plus communément employée pour défendre l'Eucharistie et l'autorité de l'Église Catholique. Il n'y eut à protester contre cette méthode que Richard Simon, l'obstiné contempteur des Pères qu'il ignorait trop, et le prétentieux critique de l'Écriture qu'il torturait. Il en contesta la valeur et les résultats en particulier dans l'*Histoire critique de la créance des Nations du Levant* et dans sa *Bibliothèque critique*. L'Assemblée de 1682 refusa d'admettre au nombre des méthodes à employer pour la conversion des P. R. celle que l'on pouvait tirer du livre janséniste ; mais on sait assez pour quelles raisons ; cette exclusion n'infirme nullement l'estime que les controversistes de profession avaient pour ces ouvrages.

***

Nous nous garderons bien d'étudier dans le détail

4.

l'énorme volume de la *Perpétuité* ; une analyse détaillée pourrait lasser la patience la plus robuste. Le fond
d'ailleurs est le même que dans la petite *Perpétuité,*
suivie de la Réfutation de M. Claude, que nous avons
analysée déjà trop longuement peut-être.

Il y a cependant deux points qui peuvent intéresser
l'histoire générale de la controverse : c'est tout d'abord
l'importance donnée à ce qu'on appelle l'argument de
prescription, et en second lieu l'abondance et la précision des documents qui établissent la croyance des
Eglises schismatiques d'Orient.

Nicole, qui sent toute la force de l'argument de prescription et qui veut se prémunir contre toutes les objections possibles, consacre tout le premier livre à
exposer et à justifier sa méthode. Claude lui avait
reproché dans ses *Réponses* d'avoir négligé contre
Aubertin les preuves de fait et de s'être contenté du
raisonnement. « Prenez patience, lui répond il en
substance, je vous en donnerai des preuves de fait et
tirées de l'histoire, et de nombreuses, et de longues,
mais en attendant je veux tirer tout le parti possible
de cet argument de prescription que je crois excellent.
Evidemment elle a ses avantages, cette méthode de
discussion et de raisonnement que vous prônez maintenant parce que l'autre vous gêne ; elle est nécessaire
à l'Église, parce que l'Église doit avoir des savants
instruits des preuves de tous les mystères et capables
de répondre aux objections des hérétiques. Mais
l'usage de cette méthode n'est pas universel ; il y a
beaucoup de personnes peu capables de suivre ces

discussions longues et embarrassées ; les unes ignorent l'histoire et les langues anciennes, d'autres n'ont pas le temps de faire cet examen avec le soin et l'exactitude qu'il exige, d'autres encore sont incapables de faire la comparaison de toutes ces preuves, ou de les retenir toutes pour les comparer.

« La Providence dans sa bonté a ménagé à l'Église Catholique pour vous confondre une autre méthode beaucoup plus courte, plus simple et plus générale : c'est la méthode de prescription qui établit tous les dogmes sur une possession dont l'origine remonte nécessairement aux apôtres et qui nous permet de conclure contre vous : possession vaut titre. Je ne prétends pas d'ailleurs que cette méthode soit nouvelle ; Tertullien l'a déjà employée très efficacement contre les premiers hérétiques dans son *De Prescriptione*. Les controversistes catholiques l'ont soupçonnée eux aussi au siècle dernier, mais ils l'ont mêlée à trop d'autres arguments ; elle n'a pas donné tout son fruit, et d'ailleurs vos premiers Réformateurs n'ayant en bouche que l'Écriture n'acceptaient pas ce genre d'argument. Vous y êtes revenus de vous-mêmes, croyant nous confondre par là, et aujourd'hui, comme vous êtes pris dans vos propres filets, vous essayez de vous dépêtrer en déclarant cette argumentation insuffisante. Il vous reste à le prouver.

« En attendant, je soutiens que la méthode de prescription est applicable à tous les points controversés : prières pour les morts, invocation des saints, abstinence, etc., mais surtout au dogme de l'Eucharistie.

Au sujet de la présence réelle, il n'y a pas pu avoir de changement insensible, je vous l'ai suffisamment démontré dans la petite *Perpétuité* : je n'y reviendrai pas. Il vous a été impossible, malgré toutes vos recherches, de fixer la date où ce dogme aurait envahi l'Eglise Romaine ; fixez-la, je vous prie ; en attendant je crois toujours que la foi à la présence réelle vient des apôtres.

« Vous vous êtes, en désespoir de cause, rejetés sur les Eglises d'Orient et vous avez prétendu qu'elles n'avaient pas au sujet de l'Eucharistie la même croyance que nous. Mais voici toute une foule de documents qui prouvent tout le contraire, les Nestoriens et les Eutychéens y croient, toutes les sectes ennemies qui se sont partagé l'Orient à travers les âges y ont toujours cru : est-ce que étant ennemies comme elles l'étaient elles auraient pu recevoir ce dogme l'une de l'autre ? Et ne dites pas que ces documents qui vous gênent ne sont pas authentiques ! Ils ont été fournis par M. de Nointel, homme savant, qui aime l'Eglise et ambassadeur du Roy à Constantinople ; ils ont été demandés par lui directement aux évêques et archevêques d'Orient; les mémoires en grec vulgaire, en arabe, en syriaque ou en copte ont été traduits par M. l'abbé Renaudot qui est, de votre avis même, le savant de l'Europe le plus versé dans les langues orientales. M. de Pomponne, secrétaire d'Etat, a donné toutes les facilités pour toutes ces informations. »

Ce langage était assez catégorique, et Claude dut

bien se repentir d'avoir nié si légèrement l'accord des Eglises orientales avec l'Eglise Romaine au sujet de la présence réelle. Il en fut réduit à insinuer avec les autres protestants que ces documents venant de Grecs ne comptaient pas : ces Grecs étaient si menteurs et si faciles à acheter ! Il faut avouer que cette réponse n'est pas suffisante.

Elle n'est guère plus sérieuse non plus la critique que fait Sainte-Beuve de la méthode employée par Nicole. Dans cet immense amas de perles et de scories, de vérités et d'erreurs qu'il a publié sous le nom de *Port-Royal* et où fort heureusement le parti pris de dénigrement contre les Catholiques est très évident, le critique incrédule reconnaît à Nicole de grandes habiletés de tactique quand « il procède à reculons ou plutôt en pivotant, pour ainsi dire, sur l'époque des neuvième-onzième siècles, comme sur un point central d'où, après s'en être emparé, il se porte à son gré dans les diverses directions, en redescendant d'un air de victoire jusqu'à nous, ou en remontant à marches lentes et comme sûr de son fait, vers une plus ancienne et plus respectable antiquité. »

Malgré le dépit qui perce dans le ton, la réflexion est assez juste, mais cette tactique ne dit rien qui vaille à l'incrédule : il se déclare toujours tenté de dire comme le médecin Menjot : « Qu'on me fasse voir que c'est la foi des quatre premiers siècles, et je me rends. » Il y a là évidemment une confusion volontaire et une mauvaise chicane. Nicole, d'après sa méthode, se tient ferme, et c'est son droit, sur ce terrain du neuvième-onzième siècles. Il attend que ses adversaires lui prouvent que le changement de créance était possible auparavant, et qu'il a eu lieu, et à quelle époque : tant qu'ils ne l'auront pas fait, il est maître du champ de bataille. Il semble que jusque-là son argument est inattaquable même pour quiconque n'admet pas une société religieuse établie par Jésus-Christ.

CHAPITRE IV

Suite de la grande Perpétuité. — Réponse générale de Nicole aux réponses de Claude ; — deuxième volume où Nicole reprend la méthode de discussion ; — mauvaise foi de Sainte-Beuve à ce sujet ; — attaques et ripostes autour du deuxième volume ; — l'abbé Renaudot répond à tout en publiant les deux derniers.

L'année 1671 fut certainement une des plus fécondes pour la controverse de Port Royal contre les Calvinistes, et ce fut là le résultat le meilleur, le plus durable et le moins discuté de la *Paix Clémentine*. Le 4 Septembre, Bossuet, alors évêque de Condom, donnait son approbation à quatre livres de Port-Royal, qu'il avait été chargé d'examiner. C'étaient 1° *Réponse générale au nouveau livre du sieur Claude, ministre de Charenton*, par Nicole ; 2° *La Perpétuité de la Foy de l'Eglise Catholique, etc., Tome II*, par Nicole ; 3° *Préjugés légitimes contre les Calvinistes*, par Nicole ; 4° *Renversement de la Morale de Jésus-Christ par les erreurs des Calvinistes touchant la Justification* par Arnauld ; et Bossuet déclarait que « la foy de l'Eglise Catholique n'est pas seulement très solidement expliquée ; mais invinciblement soutenue dans ces excellents ouvrages, où la force de raisonnement égale la profondeur de la Doctrine ; et il espère qu'ils seront très utiles à la conversion des errans et à l'instruction des fidèles. » Avant de parler des autres ouvrages, nous allons reprendre et poursuivre jusqu'au bout l'étude de la *Grande Perpétuité*.

En 1670, Claude avait publié contre le premier tome de la *Perpétuité*, un énorme in-4° sous ce titre : *Réponse au livre de M. Arnauld, intitulé la Perpétuité*, l'année suivante une *Réponse particulière*, également in-4° à deux *Dissertations* où le P. Anselme de Paris, chanoine régulier de Sainte-Geneviève, discutait l'authenticité d'un livre attribué à Jean Scot Erigène, et que Nicole avait fait imprimer à la fin de sa *Perpétuité*. Ces deux dernières Réponses de Claude avaient fait grand bruit, comme la première. Le ministre se vantait d'avoir absolument renversé l'ouvrage de Nicole et même, au dire d'Arnauld dans une lettre au cardinal Cibo, « certains catholiques peu instruits se réjouissaient en haine de Port-Royal de ce succès hérétique ».

Les *Réponses* du ministre étaient assez spécieuses, si bien que Nicole, avant de publier le deuxième volume de la Perpétuité déjà presque achevé, se crut obligé d'écrire une *Réponse générale au nouveau livre de M. Claude*, vol. in-12 de près de 600 pages. Il y prouve abondamment que « non seulement M. Claude ne donne aucune atteinte au livre de la *Perpétuité*, mais qu'il lui donne même une nouvelle force par les vains efforts qu'il a faits pour le détruire ! » L'argument est assez inattendu.

Nicole discute en second lieu les raisons — nous les connaissons déjà — par lesquelles le ministre avait tâché « d'amoindrir l'autorité des témoins récents qu'on avait produits dans la *Perpétuité* », et il en ajoute encore de nouveaux « tant des Grecs que des autres communions orientales ».

Dans une partie du livre second, il se justifie contre « quelques reproches d'aigreur, d'emportement, de mauvaise foi et de falsification » dont M. Claude l'avait gratuitement chargé. La meilleure et la plus juste réflexion qu'il fait à ce sujet, c'est qu'il pourrait « avec plus de justice rétorquer les mêmes reproches à son adversaire ». Et de fait il n'y manque pas, quand il traite à la fin de son ouvrage de « quelques questions incidentes » ; ces questions incidentes sont par exemple « du nouveau genre d'humilité, de patience et de modération que M. Claude a pratiqué dans son livre ; — des Railleries de M. Claude, qu'elles sont toutes fausses et malignes ; — que le reproche que fait M. Claude d'une faute de grammaire est très mal fondé, etc., etc. » On voit qu'à la discussion sérieuse sur la bonne foi des Orientaux se mêlent bien des questions très accessoires et trop personnelles pour prouver beaucoup.

Disons encore que le premier chapitre du livre est écrit en style syllogistique : c'est un procédé assez familier à Nicole : il n'ajoute rien assurément à l'élégance littéraire, mais il permet de préciser singulièrement la question. Nicole ramasse au début de son ouvrage toute sa pensée en quelques arguments et le reste du livre n'en sera que le développement. Il met ainsi toute son argumentation à la portée même de ceux qui ne savent pas lire, et à l'aide de syllogismes irréfutables il prouve brutalement que Claude s'est écarté de la question, qu'il n'a pas le droit par conséquent de nier, comme il l'a fait, la conclusion du livre de la *Perpétuité.*

La *Réponse Générale* eut le même résultat que tant d'autres livres de Controverse : les deux adversaires s'en allèrent chacun de son côté en sonnant la victoire, et Claude attendit fièrement les autres volumes de la *Perpétuité.* Il n'attendit pas longtemps.

****

Il s'obstinait à croire malgré tout à un changement dans le dogme de l'Eucharistie, et cela lui permettait de faire fi de l'argument de prescription. Il n'y avait pour lui de recevable que la discussion des textes de l'Ecriture sainte, et aussi des Pères, puisque les Cal vinistes voulaient bien alors faire cette concession aux Catholiques. Et voilà que comme réponse à ces desiderata Nicole donne au public les deux derniers tomes de la *Perpétuité,* tout bourrés de textes, de dis-cussions, et de longs raisonnements théologiques : « Non pas, dit-il dans la Préface du premier, qu'il reconnaisse l'insuffisance de la méthode de prescription qu'il a suivie jusqu'alors, mais malgré ses avantages incontestables, on ne peut pas conclure cependant, en faisant attention aux différentes dispositions des esprits, qu'il n'y ait point de méthode plus proportionnée à certains caractères opiniâtres et singuliers. Il va donc, comme on le lui demande, exposer les preuves de la doctrine de l'Eglise, tirées de l'Ecriture sainte et des Pères des six premiers siècles, et aussi réfuter les

défaites par lesquelles les Ministres se sont efforcés
de les éluder. »

En conséquence, il traite dans les deux premiers
livres du sens de ces paroles de Jésus-Christ : *Ceci est
mon corps*, « lesquelles se doivent entendre au sens
catholique et non en celui des Calvinistes » ; et à
cette occasion il expose sincèrement et nettement
l'opinion, ou plutôt les opinions successives des chefs
de la Réforme ; il y a là quatre chapitres sur Zwingle
que l'on croirait empruntés à l'*Histoire des Variations*
de Bossuet.

Il prouve ensuite que l'explication figurative de ces
paroles est contraire aux principes du langage humain,
que les exemples allégués par les ministres prouvent tout le contraire de ce qu'ils prétendent, que
toutes leurs objections contre la transsubstantiation
peuvent bien satisfaire le sens humain, mais qu'elles
tombent devant la netteté et la précision de la révélation divine ; c'est de la meilleure théologie.

Puis il recherche quelle explication les Pères de
l'Eglise latine et de l'Eglise grecque ont donnée de ce
texte, ce qu'ils ont pensé et enseigné sur la présence
réelle....

Il y a là une science véritablement étonnante des
Pères et autres écrivains ecclésiastiques de tous les
siècles ; aux nombreux textes allégués, il entremêle
de copieux raisonnements, où il démontre que les
Pères n'ont pu entendre la parole de Jésus-Christ au
sens figuré ; tout au contraire, ils y ont vu l'accom-
plissement des figures de l'ancien Testament, sinon

ils auraient pensé et parlé d'une façon ridicule ; ils se sont servis d'expressions différentes pour parler des autres sacrements ; quand ils ont parlé au sens métaphorique, il est facile de le reconnaître, grâce aux règles fixées par tous les théologiens, etc., etc.

Enfin il reprend l'un après l'autre et discute loyalement les passages difficiles de Tertullien, de saint Augustin, d'Origène, de Clément d'Alexandrie, de Théodoret, etc., que les ministres alléguaient sans cesse et dont ils triomphaient bruyamment, « comme si quelques passages obscurs pouvaient rompre le faisceau de tous les autres textes ».

Nicole poursuit, imperturbable, sa démonstration ; il ne se trouble, il ne se presse jamais, car il est sûr d'atteindre la vérité, et certes, quiconque a le courage — et on l'avait au xviie siècle — de le suivre à travers ce dédale de textes, de raisonnements, de répétitions aussi, car il se répète beaucoup, malgré ce style sans intérêt, celui-là est bien récompensé de sa persévérance en emportant la conviction que les Protestants n'ont que des arguties à opposer au dogme catholique et que tout homme qui accepte l'Evangile doit croire aussi, sous peine d'être taxé d'inconséquence et de folie, à la présence réelle et à la transsubstantiation.

L'on s'étonne après cela et l'on s'indigne presque lorsque l'on entend Sainte-Beuve dans son *Port-Royal* exprimer sa défiance vis-à-vis de cette méthode « toute de prévention et d'autorité ». Méthode de prévention et d'autorité, celle qui discute si sincèrement toutes les objections, tous les textes cités ! Le critique se plaint que ces textes arrivent à tout moment interceptés et déchiquetés par le raisonnement, déformés et forcés en quelque sorte sous le poids de la masse d'arguments qui précède.... Sans doute, l'argumentation de Nicole est lourde, et longue, et fatigante pour l'esprit du lecteur, mais sans trop le blâmer de ces longueurs, ne faut-il pas voir là le scrupule d'un homme convaincu qui veut mettre la vérité dans tout son jour.

Il est probable d'ailleurs que, s'il a lu ces trois énormes volumes, Sainte-Beuve en a reconnu lui aussi la puissance et qu'il en a été gêné, car dans une note perfide, il conseille « comme *correctif* de la méthode de *Perpétuité* », de lire un écrit latin de Marheinecke : *Sanctorum Patrum de præsentia Christi in cœna Domini sententia triplex*, Heidelberg, 1811. Avis aux libres-penseurs en quête de lectures pieuses !

Le ministre Claude, moins heureux que les incrédules du XIXᵉ siècle, n'avait pas cet excellent « correctif » sous la main ; aussi était-il moins difficile que Sainte-Beuve : après le second volume de la *Perpétuité*, il fut satisfait, du moins il ne crut pas prudent de répondre.

Un autre ministre, nommé de Lortie, osa seul prendre la plume et à l'occasion des deux premiers tomes attaquer la « Théologie catholique sur les manières dont s'expriment les changements de substance ». Il lui fut répondu dans un écrit ayant pour titre : *Défense de la Foy de l'Eglise touchant l'Eucharistie* par un auteur inconnu qu'Arnauld qualifie de « savant docteur », un janséniste par conséquent.

Les théologiens Jansénistes et autres exploitèrent naturellement la mine ouverte par Nicole et Arnauld. En 1673, M. le Noir (1), chanoine théologal de Séez, publia les *Avantages incontestables de l'Eglise sur les Calvinistes, dans la dispute de M. Arnauld et du*

(1) Il ne faut pas confondre ce M. le Noir avec le chanoine Lenoir, autre Janséniste et confesseur de Boileau. Ce théologal de Séez appartient au Jansénisme militant et eut une vie fort agitée. Arnauld en parle dans deux de ses Lettres. La première de juillet 1660 : M. le Noir était à cette époque pressé par son évêque de signer le Formulaire de l'assemblée du clergé ; il refusait obstinément, sous prétexte qu'il avait déjà donné une signature équivalente. Arnauld l'approuve tout à fait et regrette même qu'il ait signé une première fois, et il lui conseille de tenir bon sans craindre la persécution fort probable.

Il ne l'approuve pas de même en 1683 (28 juin) ; il faut avouer qu'alors le Janséniste s'était mis dans un mauvais cas, et tout le Jansénisme avec lui. Il venait d'attaquer violemment l'archevêque de Paris dans un ouvrage en deux volumes : *L'Evêque de cour opposé à l'évêque apostolique* ; il fut condamné pour diffamation aux galères perpétuelles et préalablement à faire amende honorable devant l'église Notre-Dame. La peine fut commuée en une détention perpétuelle au château de Nantes, où il mourut en 1692. Malgré ses griefs personnels contre l'archevêque de Paris, Arnauld le désavoue en ces termes : « Ce n'est pas, dit-il, que l'auteur n'ait de fort bonnes qualités, il vaut assurément mieux que ses livres. Il a de l'esprit, de la piété, un grand zèle pour le rétablissement de la bonne discipline et une fermeté merveilleuse à soutenir ce qu'il prend pour la vérité. Mais il n'excelle pas en jugement..

... Au lieu de s'en prendre à deux ou trois évêques, auteurs de sa persécution, il s'en prend en quelque manière à l'épiscopat même, qu'il rend odieux sous le titre de domination épiscopale. » On le voit, le xixe siècle n'a guère inventé en ce genre de littérature.

ministre Claude ; et même le P. Anselme de Paris, dont nous avons parlé plus haut, tenait en portefeuille une troisième partie de sa *Créance de l'Eglise grecque*, etc., « au cas, comme il le dit naïvement, que M. Claude répondît aux deux derniers volumes de la *Perpétuité* ». M. Claude n'ayant pas répondu, l'humanité fut à jamais privée de cette troisième partie du savant genovéfain.

Les Protestants contestèrent, il est vrai, sur des points particuliers, les documents et les conclusions ayant rapport à la foi des Orientaux ; c'est ce qui décida, comme on sait, l'abbé Renaudot à ajouter beaucoup plus tard deux nouveaux volumes à la *Grande Perpétuité*. Il répondit du même coup à un anonyme qui avait publié à Amsterdam : *Les Trophées de Port-Royal renversés, ou Défense de la Foy des six premiers siècles contre les sophismes de M. Arnauld*, « réponse surannée », déclarent les *Nouvelles de la République des Lettres* ; au sieur Jean Aymon, qui fit paraître en 1708 à la Haye : *Monumens authentiques de la religion des Grecs et la fausseté de plusieurs Confessions de Foy des Orientaux, produites dans la Perpétuité de la Foy*, tissu de calomnies atroces, de raisonnements absurdes et de bévues grossières ; à Richard Simon, auteur de l'*Histoire critique de la créance et des coutumes des nations du Levant*, et à d'autres plus obscurs. Mais l'étude de ces ouvrages rentrerait dans l'histoire complète de la *Perpétuité de la Foy*. Nous nous contenterons, avant de quitter cet ouvrage aussi célèbre que peu lu, de rappeler le jugement qu'en porte le chan-

celier d'Aguesseau dans ses *Instructions* à ses enfants :
« On y trouve, dit-il, une application continuelle des
principes de la logique, qui enseigne à renverser les
argumens les plus captieux et à démêler les sophismes les plus subtils, en les ramenant toujours aux
règles fondamentales du raisonnement. »

CHAPITRE V

Préjugez légitimes de Nicole. — Méthode *a priori* et usage de
l'histoire moderne ; — Bossuet ; — Défense de la Réformation
par Claude ; — autre réponse par Claude Pajon ; — le P. Des-
mare se substitue à Nicole.

En même temps que le deuxième tome de la *Perpétuité*, Nicole publiait un autre ouvrage plus court,
moins achevé, sous ce titre : *Préjugez légitimes contre
les Calvinistes*, « où l'on fait voir que ce qui paraît dans
le dehors de leur société donne droit de la condamner
sans entrer dans une discussion particulière de leurs
dogmes, » in-12, achevé d'imprimer le 8 octobre 1671.
Là encore, Nicole use d'un argument général, mais
a priori cette fois. Il ne prouvera pas directement que
l'Eglise romaine est la véritable Eglise, mais par des
présomptions légitimes, il va démontrer clairement
que les Calvinistes n'ont pas la vérité, qu'ils sont une
Eglise « mauvaise et fausse ».

En attendant que paraissent des ouvrages qui
discuteront dans le détail les principes de la morale
des Calvinistes touchant la Justification, par Arnauld,
et touchant la présence réelle, 2e volume de la *Perpétuité*, il veut leur présenter des arguments *a priori* ;
il prétend qu'un simple examen de surface suffit à lui
tout seul à découvrir les symptômes de l'erreur intime
et fondamentale de la Réforme.

Il semble que Nicole a eu l'intuition de tous les besoins de la controverse catholique : il soupçonne les changements de tactique qui s'imposent désormais, et tandis que dans les deux derniers volumes de la *Perpétuité*, il approfondit l'ancienne Histoire ecclésiastique et la pensée des Pères de l'Eglise, ici, dans ses *Préjugez légitimes*, il transporte hardiment la question en pleine histoire moderne. D'autre part, il indique nettement que toutes les questions controversées doivent se simplifier de plus en plus et se résumer en un seul point essentiel : l'Eglise et le principe d'autorité en matière de foi.

Après avoir rappelé aux Calvinistes de son temps, avec un ton de douceur et même de compassion qui ne lui est pas habituel, combien la question est importante et qu'ils doivent l'étudier comme s'ils étaient hors de cause, c'est-à-dire sans préventions, il examine l'origine et le premier âge du Protestantisme ; il prend à partie les auteurs de la Réforme, il les compare aux apôtres et aux vrais pasteurs de l'Eglise, et il trouve qu'à en juger par l'extérieur, il n'y a rien d'édifiant chez eux ; autant de chapitres, autant de réquisitoires contre ces singuliers apôtres : il s'attache à montrer leurs vices personnels, leurs complaisances pour le siècle, leurs prévarications orgueilleuses et leurs procédés pleins d'excès, leur « témérité prodigieuse », « leur esprit de calomnie et d'injustice », leur politique tout humaine dans leurs différends, les dogmes monstrueux et notoirement faux qu'ils enseignent ; l'étrange sainteté et la piètre autorité de ces apôtres soi-disant inspirés, d'une religion soi disant plus pure, etc.

Puis, passant à un autre ordre d'idées, il démontre que la voie d'examen est ridicule et impossible, que l'Ecriture n'est pas aussi claire qu'ils le prétendent, etc. ; et il conclut justement que tous ces « préjugés permettent de croire que les Prétendus Réformez, n'ont pas été destinés de Dieu pour instruire l'Eglise du mystère de l'Eucharistie » et qu'ils n'ont pas qualité pour cela.

Cette conclusion un peu restreinte et toute particulière indique la date de l'ouvrage et les préoccupations actuelles de Nicole ; mais elle était en réalitgénérale et la thèse pouvait être exploitée plus à fond. Elle le fut en effet. Bientôt le génie de Bossuet s'en empara ; il transporta résolument la controverse sur le terrain de l'histoire contemporaine, il l'y maintint, et en ramenant tout à la question essentielle de l'autorité de l'Eglise, il fit produire à la méthode inaugurée par Nicole des fruits merveilleux.

Nicole, il faut bien le dire, quoique possédant à fond les antiquités ecclésiastiques, était moins instruit de l'histoire moderne. Aussi, quand il parle des premiers Réformateurs, il s'en tient « aux choses publiques », « aux choses constantes et exposées aux yeux de tout le monde ». Il s'abstient de rechercher les faits moins connus, il ne donne rien de bien nouveau, rien que l'on n'ait déjà lu dans Bellarmin ; il se contente d'utiliser tous ces faits que les controversistes se passaient de main en main depuis longtemps. Il raconte peu, et ne discute point la vérité de ce qu'il avance : il manque trop de critique, pour lui et contre les autres ; il l'avoue d'ailleurs quand il déclare qu'il ne « s'arrête pas à remarquer en détail toutes les fautes historiques que les ministres commettent sur le sujet des Vaudois ».

Mais en revanche il s'attarde à chaque pas en ces dissertations morales où il excelle : c'est du reste un des traits de sa méthode ; c'en est aussi un des principaux défauts. Quant aux détails historiques, il semble par instants s'en remettre à d'autres : « Des personnes fort habiles pourront montrer avec quelque étendue *combien ils (les ministres) s'abusent au sujet de Jean Huss.* » Il pensait peut-être à Bossuet, car Bossuet avait dès lors des relations fort suivies avec Port-Royal, et c'est lui qui plus tard, avec une science plus solide et plus choisie, fera de *l'Histoire des Variations* le complément développé des *Préjugez* de Nicole.

*
* *

Claude n'avait pas répondu aux deux derniers volumes de la *Perpétuité* ; il ne fit pas de même à l'égard des *Préjugez légitimes* ; en 1673, il publia contre cet ouvrage sa *Défense de la Réformation*, imprimée à Rouen. Il s'attache surtout à réfuter ce qu'avait dit Nicole de la difficulté pour les Protestants d'arriver à la connaissance de la vérité et à la foi ; il prétend qu'on est exposé dans la Communion romaine à toutes ces mêmes difficultés : « Il faut s'embarquer sur l'océan de la Tradition, et parcourir tous les siècles de l'Eglise, toute l'Histoire des Conciles et celle de la Dispute sur l'autorité du Pape, inférieure aux Conciles, selon quelques-uns, supérieure selon quelques autres, etc... » Et il conclut qu'un homme qui se veut assurer légitimement qu'il se doit soumettre à l'autorité de l'Eglise, est obligé de savoir que l'Ecriture le veut ainsi ; ce qui est le principe protestant.

On voit là un de ces « sophismes de Claude » dont parle Boileau dans son Epître à Arnauld. Il essaie de prouver que Nicole est « coupable de cercle vicieux », en prouvant l'autorité de l'Eglise par l'Ecriture sainte *et le sens de l'Ecriture sainte par l'autorité de l'Eglise.* Mais l'habile logicien s'en tire à merveillle : par une visible attention de la Providence, dit-il, il est facile au chrétien le moins instruit de savoir par l'Ecriture qu'il doit se soumettre à l'autorité de l'Eglise ; l'Eglise ensuite par ses Docteurs et ses Conciles élucide toutes les questions dont parle Claude, et donne les conclusions toutes faites à ceux, et ils sont la grande majorité, qui ne peuvent poursuivre par eux-mêmes tous ces travaux.

A ce propos, Bayle qui est toujours à l'affût d'arguments en faveur du scepticisme se déclare très satisfait du livre de Nicole et de la Réponse de Claude « qui est un chef-d'œuvre » d'après lui. Ces deux ouvrages, en effet, ne détruisent-ils pas, chacun pour sa part, la certitude, quand ils montrent avec tant d'éloquence combien il est difficile ou plutôt impossible aux Catholiques comme aux Protestants d'arriver au vrai. Il est clair que les principes de la Réforme rendent cette recherche de la vérité très difficile ;

mais c'est là précisément que triomphe la méthode d'autorité de l'Église catholique. Une fois cette autorité établie, — il n'est pas difficile à la raison humaine d'en reconnaître la légitimité et l'infaillibilité, — toute recherche est singulièrement abrégée, tout ce que cette même Église enseigne doit être, par la raison, reconnu comme vrai. La certitude existe, l'acquisition de la vérité est facile, et si la réflexion de Bayle peut s'appliquer à quelque doctrine ce n'est pas certes à celle de l'Église catholique.

Claude ne fut pas le seul qui attaqua les *Préjugez légitimes*. En 1673, le ministre Pajon publia un ouvrage intitulé : *Examen du livre qui porte pour titre Préjugez légitimes*, par Claude Pajon, ministre d'Orléans, 3 tomes in-12. Pajon était un de ces esprits qui restent modérés à force de bon sens au milieu des disputes les plus étourdissantes. Il s'était donné pour mission d'adoucir ce qu'avait de trop rude le dogme protestant sur la prédestination, la liberté humaine, etc. Il enseignait que la grâce n'agit pas immédiatement sur le cœur ni d'une manière irrésistible. L'âme n'est point passive dans l'œuvre du salut, elle trouve, dans les saintes Écritures, les directions et les vérités dont elle a besoin, mais c'est à elle de se laisser diriger et convaincre par ces vérités... »

Il avait fait ainsi un pas hardi vers la doctrine catholique, mais malheureusement il dépassa la limite et se rapprocha des Arminiens qui ouvrent le ciel à tous ou peu s'en faut. Prêchée pour la première fois dans un sermon devant le Synode de l'Anjou, cette hérésie au

sein du Protestantisme, après diverses fortunes, fut
condamnée, en 1686, à Rotterdam.

Comme les habitants de l'Orléanais, Pajon avait
d'esprit ouvert, le caractère aimable, le style facile. La
réfutation fut goûtée dans son parti : on y trouvait
une assez grande netteté d'esprit et d'adresse à se
servir de la logique ; mais les preuves manquent de
force, le raisonnement est plus éblouissant que solide.

* *

Nicole, au dire de son biographe, lut avec attention
ces divers ouvrages et conçut le dessein d'y répondre.
Mais il fit réflexion qu'il ne pourrait le faire sans de
gros volumes et que cette entreprise demandait de
grandes lectures et de grands recueils pour ne rien
avancer au hasard ; il fallait examiner le tout avec
soin pour ne point commettre la cause de l'Église.
D'ailleurs les hommes étaient si peu curieux de ce qui
regardait la religion et surtout la controverse qu'il
y avait à craindre qu'une réponse, principalement
si elle était étendue, ne serait point lue, ou qu'elle
ne satisferait personne, si elle était trop précise, et
engagerait à de nouveaux éclaircissements qui ne
finiraient point. Enfin, il ne se croyait ni assez de force,
ni assez de santé pour soutenir jusqu'au bout un
pareil dessein. « Je puis dire avec vérité, écrit Nicole
lui-même, que ce qui m'a détourné de répondre
n'est point du tout que j'aye appréhendé le génie de
M. Claude. Quoique je ne le méprise nullement... je le
regarde néanmoins comme un adversaire que l'on peut

mettre à la raison, quand on veut en prendre la peine...
C'est un déclamateur de profession qui écrit sans
aucune bonne foi et sans sincérité (!!) qui pousse des
figures à perte de vue... Tout cela est assez propre à
éblouir les gens et à former certaines idées confuses
que le commun du monde ne démêle pas d'abord, mais
quand on vient à examiner en détail et de près ces
écrits d'enthousiasmes, il n'y a rien qui soit plus aisé à
pousser même jusqu'au ridicule. Il me semble que je
vois ces nations barbares qui viennent au combat avec
des hurlements effroyables et dont la principale force
consiste dans le bruit qu'elles font. Pour les vaincre,
il n'y a qu'à s'accoutumer au bruit et on les trouve
plus faibles et plus aisées à rompre que d'autres, etc. »

Toutefois, sur les conseils de Nicole, le P. Toussaint
Desmares entreprit, contre les ministres, un long
Traité de l'Église en latin. Ce P. Desmares, de l'Oratoire, est aussi une figure assez curieuse du Jansénisme. Élève de Saint-Cyran, il avait adopté, et outré
encore, la doctrine du maître. Envoyé à Rome, avec
Lalane et Saint-Amour pour plaider la cause du Jansénisme, il fatigue le Pape par un interminable discours que la nuit vient interrompre... et ne gagne pas
sa cause. Il se livre à la prédication avec un certain
succès : c'est le meilleur prédicateur janséniste. Pour
échapper à la Bastille, il va, comme Arnauld et Nicole,
de retraite en retraite ; il se fixe enfin, avec l'abbé de
Bourzeis, chez le duc de Liancourt où il meurt en 1687.

C'est dans cette retraite qu'il écrivit sa théologie
« selon les principes de saint Augustin » où il réfutait

le ministre Claude. Elle ne fut d'ailleurs pas imprimée. Voici pourquoi : il y avait dans son Traité de l'Église plusieurs passages qui pouvaient donner quelque prise aux « partisans de la scolastique ». Nicole crut devoir les modifier et même y joindre une *Dissertation* latine. Mais ces changements et additions, « quoique approuvés par plusieurs personnes intelligentes », blessèrent quelques amis du P. Desmares. On réclame, on constitue des juges qui renvoient tout au même panier et Traité, et Remarques et Dissertations. Cette querelle de famille, au sein du Jansénisme persécuté, est assez amusante, mais surtout elle est bien humaine.

Nicole, tout occupé d'ailleurs à cette époque à préparer le troisième volume de la *Perpétuité*, laissa Claude ; celui-ci ne tarda pas à rencontrer un adversaire autrement terrible que le Janséniste et à se mesurer avec lui dans une Conférence célèbre. Nicole ne reprendra la lutte que dix ans plus tard, et cette fois contre Jurieu ; nous le retrouverons.

CHAPITRE VI

Arnauld et le *Renversement de la Morale*. — Arnauld après la Paix de l'Eglise ; — publie le *Renversement de la Morale de Jésus-Christ* ; — longue discussion théologique sur l'inamissibilité de la Grâce ; — embarras des Ministres ; — Réponse du Ministre Bruguier.

La lutte pendant ces dix années va être soutenue dans le camp Janséniste par le chef lui-même. Arnauld jusqu'en 1672 n'a guère fait en somme que prêter son nom, pour recevoir les éloges du côté catholique et aussi les coups des adversaires. Lui seul est connu, lui seul responsable, et cependant il est très probable, toutes discussions closes sur ce point, qu'il s'est borné à chercher et à fournir des textes à Nicole, et qu'ici encore il remplit le même rôle que dans la publication des *Provinciales*. Quoique le style des Jansénistes — Pascal mis à part bien entendu — soit à peu près le même chez tous, style modeste, éteint, triste comme le vallon de Port-Royal, abondant et froid comme l'eau qui sort des glaciers, celui de Nicole se distingue cependant ; il est plus clair, plus régulier, plus facile que celui d'Arnauld où triomphe sans conteste la phrase longue et traînante et lourde ; si effacée que soit la marque de son style, Nicole l'a mise aux trois volumes de la *Perpétuité*, et il est assez facile de l'y retrouver. Mais c'est une étude plutôt historique que littéraire que nous faisons sur la controverse janséniste.

La *Paix Clémentine*, quoique bien boiteuse et conclue sur des réticences de part et d'autre, rendit pour quelques années le calme au moins apparent à Port-Royal et à toute l'Église de France. Nicole, Arnauld et les autres Jansénistes de marque étaient sortis de leurs retraites pour rentrer dans la société, où ils étaient d'ailleurs fort bien accueillis ; il semble que la persécution, comme il arrive souvent, n'ait eu d'autre effet que de les grandir dans l'opinion publique et que d'augmenter le nombre et la vénération de leurs partisans.

Nicole qui n'a jamais eu de domicile fixe, sans doute parce que n'étant pas prêtre il n'a jamais eu de ministère à remplir, et qui fut toujours d'humeur voyageuse, change souvent encore de séjour : on le trouve successivement à Saint-Denis, chez la duchesse de Longueville, à Hautefontaine, chez son ami, l'abbé Le Roy, etc., mais il voyage maintenant au su et au vu de tout le monde ; il n'est plus obsédé comme autrefois par la peur horrible d'être découvert et mené à la Bastille.

Arnauld reste tout d'abord à Paris : « La longue habitude de vivre renfermé, dit-il, avait tellement changé son tempérament que l'air de la campagne lui était devenu contraire. » Il craignait d'ailleurs que, « s'il s'éloignait dans ces circonstances, cette conduite ne parût une affectation aussi peu respectueuse pour le Roy qui venait de lui rendre la liberté, que propre à réveiller la haine de ses ennemis, qui avaient les yeux ouverts sur toutes ses démarches ».

Mais soit à la campagne, soit à la ville, les deux amis

étaient harcelés de visites, Arnauld surtout : il s'en plaint en particulier dans une lettre à son neveu de Pomponne : « Je suis visité plus que je ne voudrais, et je vous assure que j'en suis fort importuné et que je serais fort aise que cela fût autrement. Mais j'ai beaucoup de personnes de qualité qui sont mes parents ou mes amis: leur fermerai-je la porte ? Le ferai-je à des Évêques, quand ils me font l'honneur de me venir voir ? J'ai quelque réputation dans le monde : cela m'attire jusqu'à des Allemands, des Anglais. Ce que j'ai écrit contre les Huguenots fait que bien des gens qui pensent à se convertir s'adressent à moi... On me croit plus habile que je ne suis ; et sur cette imagination, plusieurs d'entre les savans en toute sorte d'arts et de sciences me viennent voir pour me faire part de leurs pensées. »

Arnauld semble bien dans cette longue lettre avoir l'intention de se justifier, car ses ennemis lui faisaient déjà un crime de ses relations. Mais cela appartient à la très intéressante Histoire du Jansénisme toujours à écrire, et ce n'est pas notre sujet.

Outre cette servitude des visites, « dont il y a, disait encore Arnauld, quatre d'importunes pour une agréable, » il avait encore à répondre à une foule de lettres qu'on lui écrivait de tous côtés ; car il se croyait obligé maintenant de remplir tous les devoirs de la vie civile et de l'amitié chrétienne.

Il fit aussi en compagnie de Nicole durant l'automne et l'hiver de 1671 un assez long voyage pour rendre visite à son frère, évêque d'Angers ; voyage vraiment triomphal, au dire des Jansénistes qui ne tarissent pas de détails. Il y a entre autres sa visite au grand collège des Jésuites de la Flèche qu'il fit incognito ; « introduit par le Lieutenant général de la ville, les Pères Jésuites le reçurent fort honnêtement sans le connaître. » Ayant appris depuis que c'était Arnauld, ils témoignèrent, paraît-il, qu'ils étaient très fâchés de ne l'avoir pas su, « parce qu'ils lui auraient fait plus d'honneur encore. »

***

C'est dans ces conditions qu'il composa et publia en 1672 son premier ouvrage personnel contre les Calvinistes : *Le Renversement de la Morale de Jésus-Christ par les erreurs des Calvinistes touchant la Justification.*

Le titre seul de cet in-4º de 980 pages indique le sens de l'ouvrage et la méthode employée. La méthode historique et de « préjugés » chère à Nicole ne plaisait qu'à demi à Arnauld. Ce rude théologien aimait surtout à employer le raisonnement et à tirer de longues déductions logiques des textes des Pères. Il lui semblait que de l'histoire on ne pouvait tirer que des arguments toujours à la merci d'une réfutation, parce qu'elle a de quoi tout prouver.

Aussitôt qu'il travaille seul, il revient à la discussion théologique, et il entreprend de montrer les conséquences morales du dogme calviniste sur l'inamissibilité de la grâce « d'élection ». Il n'oublie pas cependant, à l'exemple de Nicole et des autres controversistes de cette époque, d'étendre la conclusion et de déclarer aux Protestants, dans une de ces longues phrases dont le secret est heureusement perdu, « qu'avant toutes choses si les nouveaux dogmes que je combats se trouvent être en effet aussi damnables, aussi manifestement contraires à la parole de Dieu, et aussi capables de contribuer à la corruption des mœurs des chrétiens que je le prétends, il ne leur suffirait pas, pour se mettre à couvert de la colère de Dieu, de les ignorer ni même de les abjurer, quand ce serait de la manière du monde la plus solennelle, mais qu'ils ne pourraient sans péché demeurer un seul jour dans une communion qui dès sa naissance aurait fait de ces dogmes un des premiers fondements de la réformation dont elle se vante, et qui les aurait toujours soutenus depuis avec tant de fermeté qu'elle aurait retranché de son sein ceux qui auraient refusé de les embrasser ».

Les Calvinistes savaient depuis longtemps déjà qu'Arnauld préparait un ouvrage contre leur dogme et ses conséquences immorales. Dans le chapitre XI de la neuvième partie de la *Perpétuité*, où Nicole répondait « aux reproches particuliers que M. Claude fait contre le Xe siècle », il était dit que « la doctrine des ministres est aussi corrompue dans la morale que dans la foi » ; que s'il y a eu des désordres au Xe siècle, ils ont été effacés en partie par la pratique de la pénitence, mais qu'on ne doit pas s'étonner que ces exercices de pénitence paraissent « vains et superstitieux à des Calvinistes, c'est-à-dire à des gens assurés de leur salut, qui croient que les plus grands déréglements ne leur font point perdre la qualité d'enfant de Dieu et que, quoiqu'ils fussent plongés dans les plus honteux désordres,

ils ne laisseraient pas d'être aussi justes que la sainte
Vierge, leur prétendue justice imputative ne recevant
point de plus et de moins ». Dans la Préface de la
Réponse générale à M. Claude l'ouvrage était annoncé
formellement comme devant bientôt paraître.

Grand émoi au camp Calviniste. Un M. Vigier, distin-
gué dans le parti, tenta de prévenir ce coup dans un
Discours qu'il adressa en 1670 à l'abbé Godon *sur la
Défense de la Perpétuité.* On allait attaquer la morale des
Calvinistes : ce bon Vigier n'en revenait pas de tant
d'audace : « Je vous avoue, disait-il, que j'ai de la peine
à en croire mes yeux : je me suis imaginé qu'ils se trom-
paient, ou que l'imprimeur avait pris un mot pour
l'autre ; j'ai lu et relu cette accusation si atroce, si scandaleuse, si mal fondée... » Il ne pouvait concevoir
qu'un « Docteur ait pu tomber dans cette illusion que
de le croire et de le dire » ; un docteur de Sorbonne
ne doit pas s'amuser à ces bagatelles, il doit être plus
sérieux, ne pas se faire copiste de brouillons, rediseur
d'impertinentes calomnies, etc. Claude lui-même dans
la Préface de sa *Nouvelle réponse* essaie d'intimider
Arnauld et de parer le coup.

Rien n'y fit : le « Charlatan de religion » comme
l'appelait encore Vigier, passa outre, il publia son livre
qui se vendit beaucoup, parce que, selon l'explication
que donne Vigier de ce succès, « nous aimons naturellement les médisances et les nouveautés, et que
lorsque les monstres ne sont pas en état de nous faire
du mal, ils excitent ordinairement notre curiosité ».

L'ouvrage portait l'approbation élogieuse de dix

archevêques et évêques. Il établissait en dix livres et quatre vingt-neuf chapitres que les Calvinistes enseignent que la Justice est inamissible : aucun Juste ne la peut perdre et ne la perd, quelque crime qu'il commette ; les péchés les plus énormes n'empêchent point que les fidèles qui les commettent ne demeurent Justes et Enfants de Dieu. Cette doctrine a été fortement soutenue par les Calvinistes contre les Arminiens et a été décidée au Synode de Dordrecht que les ministres de France ont solennellement approuvé.

Or, elle est de tout point contraire à celle de saint Paul, elle ruine la nécessité des bonnes œuvres ; elle anéantit les vertus chrétiennes ; elle est très préjudiciable à la piété ; elle porte les fidèles à ne craindre ni d'être damnés, ni même de tomber en la disgrâce de Dieu, quelques péchés qu'ils commettent, puisque d'après elle tous sont assurés qu'ils ne peuvent perdre la justice... Dans les derniers chapitres Arnauld combat les erreurs des Calvinistes sur la Justification des petits enfants ; il n'y aurait, d'après eux, que les enfants des fidèles qui seraient sauvés, les autres sont infailliblement damnés, si bien que petits et grands, pourvu qu'ils soient nés ou établis dans la foi calviniste, n'ont absolument rien à craindre pour leur salut éternel.

***

Nous ne suivrons pas Arnauld dans le détail de cette discussion qui a peu d'intérêt aujourd'hui. Cependant l'épaisse forêt de textes et de raisonnements où il a accumulé toutes ses preuves est percée çà et là d'éclair-

cies qui donnent jour sur d'autres questions accessoires, mais intéressantes.

Par exemple, dans le chapitre x du premier livre, il déclare franchement sa pensée sur l'emploi « des termes durs en matière de controverse ». Le rude Janséniste est très éloigné de nos idées actuelles de politesse, de ménagements, de précautions à prendre : « Je le dirai donc ainsi, s'écrie t-il, à quelque point que les hommes puissent s'en formaliser, lorsqu'il s'agira d'une vérité importante au salut des âmes et qu'il ne suffit pas de connaître simplement, mais dont il faut savoir encore qu'elle est certaine et indubitable, comme sont les vérités de la foi, je ne me contenterai pas de dire de ces sortes d'objections qu'elles n'ont rien de solide, lorsque je les jugerai et qu'elles seront en effet extravagantes et contraires au bon sens ; parce que ce prétendu adoucissement nuirait à la vérité et au bien des âmes que je veux instruire, ce qui me doit plus toucher qu'un vain désir de ménager leur orgueil... Si une opinion est véritablement impie, je trompe le monde lorsque j'évite de l'appeler ainsi, en me contentant de la traiter de fausse..., » et en conséquence il déclare formellement à Claude « qu'il peut renouveler tant qu'il voudra la plainte qu'il a faite par avance que l'on décrie leur morale par des termes violents et odieux, on ne se mettra pas en peine de ses plaintes : on a eu dessein de la décrier et on le fera. »

Et il tient parole, il accable la doctine protestante d'épithètes injurieuses et de sarcasmes. C'est d'ailleurs la manière d'agir des autres controversistes et même de Bossuet : ils attaquent violemment les doctrines, mais très rarement les personnes. Les Calvinistes, Jurieu en particulier, n'ont pas tant de scrupules : nous le verrons bientôt.

L'on peut penser ce que l'on veut de ce genre de combat, où de lourds projectiles étaient lancés avec fracas comme par d'énormes mousquets ; ces hommes ne s'amusaient point à aiguiser de fines épigrammes, à fourbir la pointe qui doit percer et à lancer le trait avec grâce ; ils avaient moins d'habileté et d'esprit que nos modernes polémistes. Mais ne faut-il pas d'autre part admirer et envier cette conviction ardente, cette passion de la vérité qui est sûre d'elle-même et qui s'irrite de se voir contredite. Alceste est parfois ridicule, jamais méprisable ; on ne saurait en dire autant de Philinte.

Ailleurs (Liv. VII, ch. II) Arnauld établit des règles « pour distinguer les nécessaires et légitimes explications de l'Ecriture qui en conservent le vrai sens, d'avec les gloses forcées et tout à fait déraisonnables, qui en détruisent la vérité », et il joint l'exemple au précepte. Il traite aussi incidemment de la nature de la Justice chrétienne (Liv. VIII, ch. I) ; de l'utilité et de l'usage légitime de la crainte (Liv. IX, ch. I) où il exagère d'ailleurs dans le sens Janséniste ; des différents états par lesquels Dieu a fait passer le genre humain pour le conduire à Jésus Christ, et ici, en lisant Arnauld, on se rappelle Pascal, mais Pascal bien délayé et bien affadi.

***

Comme bien l'on pense, cet ouvrage dont les Calvinistes avaient tenté d'empêcher la publication ne fut pas laissé sans réponse : l'attaque était trop sensible, trop directe et portait à trop de conséquences.

Elle avait tout d'abord mis les ministres dans un terrible embarras, car ils sentaient bien que le dogme incriminé était immoral au premier chef. Calvin l'avait fabriqué de toutes pièces en expliquant à sa manière un certain nombre de textes de saint Paul et de l'Évangile ; il fallait bien sur la grâce dire autre chose que l'Eglise Catholique. Ses disciples l'avaient accepté les yeux fermés, sans en soupçonner ou sans en avouer les conséquences désastreuses, et voilà que ce Janséniste, lui-même si peu orthodoxe sur la matière de la grâce, s'en vient brutalement étaler aux yeux de tous ces conséquences, et prouver clair comme le jour qu'« un édifice fondé sur des dogmes aussi antichrétiens ne pouvait être que l'ouvrage de l'esprit d'erreur ».

Quel parti les ministres allaient-ils prendre ? Soutenir cette doctrine, c'était s'exposer à révolter une partie de leurs fidèles : comment pourrait-on continuer à croire que le Fils de Dieu était descendu du ciel en terre pour établir une religion aussi favorable au libertinage ? La renier, c'était aller contre l'évidence, car Arnauld avait cité trop de textes de théologiens protestants et établi le fait d'une manière irréfutable. « Les plus intelligens, dit Arnauld, demeuraient en suspens. »

Claude entre autres était très hésitant : il allégua qu'il était très occupé en ce moment par Nicole, car il préparait contre lui sa *Défense de la Réformation* dont nous avons déjà parlé. Sans doute aussi il se sentait moins préparé à descendre sur le terrain de la théologie pure où Arnauld ramenait les Protestants.

Ce fut le ministre Bruguier qui tenta l'aventure en publiant une *Réponse sommaire au Livre intitulé : Renversement de la Morale de JésusChrist, etc.* Ce « M. Bruguier, ministre de Nismes » comme l'appelle Arnauld, était alors et depuis longtemps déjà réfugié à Genève. Il avait été condamné en 1663 pour un *Discours sur le chant des Psaumes*, où il protestait violemment contre un Edit du Roy. C'était un théologien assez estimé par ses coréligionnaires.

Dans sa Réponse, il alla résolument de l'avant ; il avoua le dogme de l'inamissibilité de la grâce, bien décidé d'ailleurs à plaider les circonstances atténuantes. Les autres ministres le suivirent « quoique tout d'abord avec peine » ; son livre fut approuvé par Claude qui déclara officiellement « qu'il n'y a rien trouvé qui ne soit conforme à la doctrine qui s'enseigne au milieu d'eux. A Paris, ce 25 juin 1673 ».

CHAPITRE VII

L'Impiété de la Morale des Calvinistes. — Réponse d'Arnauld à Bruguier ; — discussion serrée où il fait ressortir toutes les conséquences ; — réponses de Jurieu et de Le Féron.

Arnauld, piqué au jeu et tout triomphant de cet aveu des ministres, prépara de suite une réponse où il confondait entièrement son imprudent adversaire et qu'il publia l'année suivante — 1674 — sous ce titre : *L'Impiété de la Morale des Calvinistes pleinement découverte par le livre de M. Bruguier, ministre de Nismes, approuvé par M. Claude, ministre de Charenton.*

Il avait beau jeu contre le ministre. Bruguier, tout en avouant que le dogme de l'inamissibilité était professé par les Calvinistes, reprochait à Arnauld de l'avoir représenté « comme un des principaux points de leur Réformation », tandis qu'en réalité, il était « assez secondaire ». — Comment, secondaire ! répond Arnauld, mais voici Calvin, voici Bèze, voici Damnanus, secrétaire du Synode de Dordrecht, voici Chamier, un de vos oracles, et tant d'autres de vos ministres qui soutiennent hautement que les justifiés peuvent tomber en de très grands et très énormes péchés sans cesser d'être Justes et Enfants de Dieu !... Telle a été dès le début la raison d'être de la Théologie protestante ! »

— C'est vrai, répond le ministre, mais vous voulez

faire croire que les Calvinistes sont des gens à commettre ordinairement toutes sortes de péchés même les plus énormes ! Les Catholiques sont loin d'avoir une vie aussi pure que la nôtre !

— C'est vous qui le dites, nous ne sommes pas obligés de vous croire. D'ailleurs nous ne parlons ici que du principe de votre Morale ; il n'a peut-être pas encore porté tous ses fruits. Attendez.

— Mais il faut bien comprendre ce que nous entendons par Justice et par justification. Nous sommes mis en l'état de Justice par notre vraie Foy, et la Justification n'est autre chose que l'imputation qui nous est faite des mérites de Jésus-Christ. Nous sommes passifs en cela ; les œuvres ne sont pas nécessaires ; elles ne peuvent rien changer à cet état. Tant qu'un homme n'a pas rejeté notre foi calviniste, il reste en cet état de Justice, il est toujours, malgré ses fautes, regardé par Dieu comme son enfant.

— C'est précisément cet état de Justice, cette Justification immédiate par la Foi, qui est une théorie monstrueuse. Et n'allez pas dire que votre doctrine est enseignée dans l'Ecriture sainte, car des nombreux textes que vous alléguez je vais vous donner la seule explication raisonnable et acceptable. » Et là dessus Arnauld rappelle tout ce qu'il a dit dans son premier ouvrage, en ajoutant de nouveaux raisonnements et de nouveaux textes pour confondre « l'abominable doctrine ».

— Cependant, continue Bruguier, un enfant ne perd pas la qualité d'enfant, ni toute l'affection de son père, dès qu'il tombe dans quelque désobéissance.

— Non, répond Arnauld, parce qu'il y a des désobéis-
sances si légères qu'il faudrait qu'un père fût bien
dur pour priver de son héritage et ne plus regarder
comme son enfant celui qui y serait tombé. Et qui donc
serait assez déraisonnable pour conclure de là qu'il en
doit être de même d'un fils qui battrait son père, qui
attenterait à sa vie ? Et voilà ce qui justifie pleinement la distinction faite par l'Eglise Catholique entre
péchés mortels et péchés véniels.

— Mais cette distinction est contraire aux saintes
Ecritures et condamnée de toute l'Antiquité ! Elle
n'est bonne qu'à faire peur aux idiots (*sic*) !

— Ah ! hommes habiles, je vois trop clair dans votre
jeu ; vous dites que les plus petits péchés sont mortels
en eux-mêmes, mais en même temps vous déclarez
que les plus énormes ne sont que véniels pour vous,
puisqu'ils ne sauraient vous priver un seul instant
ni de la grâce de l'adoption ni de l'habitation de
l'Esprit! C'est un système bien commode... pour vous.
Mais comment pouvez-vous dire qu'un grand pécheur,
David, par exemple, peut être sauvé avant d'avoir
fait pénitence de ses crimes?

Et alors à travers vingt chapitres il poursuit le ministre, il discute l'un après l'autre les textes que
celui-ci a apportés ; il prend chacune des preuves et
il en démontre la fausseté et le sophisme. Nous n'en
donnerons qu'un exemple.

« C'est un principe de morale, dit le Calviniste, que
plus un objet nous paraît bon, plus nous sommes portés
à l'aimer. Or, la doctrine qui nous persuade que Dieu

aime toujours le fidèle, nonobstant ses crimes, nous fait paraître Dieu avec plus de bonté, que celle qui nous enseigne qu'il cesse d'aimer le fidèle, dès qu'il est coupable... »

Voilà le sophisme ; Arnauld n'a pas de peine à le démasquer, en faisant voir les conséquences absurdes d'une semblable théorie et en expliquant l'équivoque du mot bonté, et la discussion se poursuit ainsi minutieuse et fatigante.

Au choc de ces deux énormes volumes, elle menace quelquefois de dévier et de s'égarer en des questions secondaires, mais toujours par la puissance de sa logique Arnauld la ramène au sujet ; et puis brusquement il tire la conclusion nécessaire de toute sa démonstration : il met en évidence la contradiction du ministre. Celui-ci tout d'abord criait très fort à la calomnie, à l'exagération, et il oublie de prouver la calomnie en démontrant que les Calvinistes n'admettent pas le dogme de l'inamissibilité de la Justice ; tout au contraire il essaie de le justifier, ce dogme malencontreux. On n'est pas plus malhabile.

Arnauld ne s'était pas contenté, comme dans le *Renversement* de constater l'existence du dogme et d'en discuter les conséquences immorales, il s'était attaqué au dogme lui-même. Sa démonstration lui paraît lumineuse et convaincante et il peut s'écrier avec raison, en s'adressant aux Calvinistes : « Est-il possible que tant de gens, qui [dans les autres affaires paraissent avoir beaucoup de sens et beaucoup d'esprit, en témoignent si peu dans celle-ci d'où dépend une éternité de malheur ou de bonheur. Ils n'auraient garde en d'autres rencontres de croire des choses si hors d'apparence, etc. »

Il leur donne en terminant le conseil assez piquant de mettre ici en pratique leur fameux principe de libre examen : « La maxime dont on s'est servi pour vous arracher du sein de l'Eglise Catholique est que les plus simples fidèles sont les juges naturels, pour ce qui est de leur propre foy, du véritable sens de l'Ecriture. Or c'est à l'Ecriture même que l'on vous renvoie... Lisez, lisez le livre du sieur Bruguier, mais ne vous en rapportez pas à ce que disent vos ministres, jugez par vous-mêmes, on ne vous demande que cela, et vous reviendrez à l'Eglise Romaine. »

*
* *

Les Calvinistes suivirent-ils le conseil d'Arnauld ? Lurent-ils avec empressement et en toute indépendance d'esprit le livre du sieur Bruguier, et cette lecture les ramena-t-elle en grand nombre à la foi Catholique ? Il est permis d'en douter. Les ministres cependant eurent l'air de le craindre, et ils crurent nécessaire de répondre. Jurieu, alors ministre à Sedan, le fit à deux reprises dans son *Apologie de la Morale des Réformez*, et dans sa *Réplique au nouveau livre de M. Arnauld*, 1675. Claude lui-même dans un *Examen de soi-même pour se bien préparer à la Communion*, fait de fréquentes allusions au dogme de l'inamissibilité de la grâce et aux querelles pendantes ; enfin Merlat, ministre de Saintes publia en 1678 une *Réponse générale au livre de M. Arnauld.* Ce dernier livre fut condamné à être brûlé « comme rempli de propositions hérétiques et fanatiques, judaïques, impies, polygamiques, calomnieuses à l'Eglise, séditieuses... » Le Parlement de Guyenne prononça la peine du bannissement contre l'auteur qui se retira à Genève.

Heureusement la vérité catholique fut défendue autrement et mieux que par le bras séculier. Ce fut Philippe de Féron, docteur de Sorbonne, Archidiacre de Saintes, Grand-Vicaire de Reims, qui répondit aux ministres et en particulier à Merlat, par sa *Défense du Livre du Renversement de la Morale de Jésus-Christ par les erreurs des Calvinistes, touchant la Justification,* contre la *Réponse de M. Merlat,* 1678, in-12.

CHAPITRE VIII

Arnauld, attaqué par M. le Fèvre, docteur de Sorbonne, publie le *Calvinisme convaincu de nouveau*. — Réplique de M. le Fèvre. — Autres ouvrages au sujet de l'inamissibilité de la justice.

Les ministres ne répliquèrent point ; il semblait que dans la controverse habilement soulevée par Arnauld, les Catholiques avaient le dernier mot. Mais voici bien autre chose. Voici qu'en 1682, un jeune docteur de Sorbonne, un ami de M. Arnauld, M. le Fèvre, reprend la question, mais pour son propre compte, contre Arnauld et le Féron. Son malencontreux livre était intitulé : *Motifs invincibles pour convaincre ceux de la R. P. R.* Il y accusait formellement Arnauld d'avoir imputé aux Protestants des dogmes qu'ils ne professaient pas ; selon lui l'immense majorité des Calvinistes repoussait l'inamissibilité de la Justice, la certitude du salut, etc.: le Synode de Dordrecht n'avait nullement défini ces dogmes.

Il y eut, comme bien l'on pense, surprise générale dans les deux camps : « Quelques-uns ont cru, dit Bayle dans ses *Nouvelles de la République des Lettres en 1684*, qu'une secrète jalousie contre la gloire de M. Arnauld a poussé M. le Fèvre dans ce procédé. Mais il vaut mieux dire, comme font tous ceux qui donnent aux choses l'interprétation la plus favorable, qu'il n'a fait cela que parce qu'il l'a cru propre à montrer aux

Protestants qu'ils sont plus près de l'Eglise qu'on ne pense. »

Il est très probable que telle fut la pensée première de M. le Fèvre : la lutte était alors très vive entre Protestants et Calvinistes. Depuis le Traité de Nimègue, Louis XIV ne cachait plus son intention formelle de faire rentrer par tous les moyens les Calvinistes dans le sein de l'Eglise. Par une série habilement ménagée d'Edits, de Déclarations, d'Arrêts, etc., il préparait la révocation de l'Edit de Nantes. En même temps il encourageait de toute manière les controversistes. Ceux-ci se piquaient d'émulation, et l'on reste étonné de la quantité prodigieuse de livres de controverse qui furent écrits de 1680 à 1690.

Or, la plupart des controversistes, à l'exemple de Bossuet qui venait de publier son *Exposition de la Foy*, adoptaient le système de la conciliation ; ils s'efforçaient d'effacer la distance entre les deux doctrines et de diminuer le nombre des points en litige, tout en ne cédant rien du dogme Catholique.

M. le Fèvre appartenait à cette école et son livre s'explique très bien par là : « Toutes ses prétendues justifications, dit encore Bayle, ne tendent qu'à faire voir aux Calvinistes, qu'ils sont dans un schisme ridicule, et qu'ils ne se tiennent hors de l'Eglise que pour de misérables disputes de mots et pour des controverses mal expliquées. »

Il n'avait d'ailleurs entrepris son livre, comme il le déclare lui-même dans sa préface, que sur l'ordre de M. de Harlay, archevêque de Paris ; mais comme dans

l'Epître dédicatoire, il donne de grands éloges, immérités d'ailleurs, à ce prélat, ennemi juré de Port-Royal,
et que d'autre part le ton du livre est plein d'aigreur
et de récriminations contre Arnauld, les Jansénistes
n'y virent qu'une attaque injuste, et s'en montrèrent
aussi irrités que surpris.

Cette attaque n'était pas du reste très généreuse,
venant de la part d'un ancien ami. A cette époque en
effet Port-Royal était de nouveau persécuté : Arnauld
avait cru prudent de céder à l'orage et depuis bientôt
trois ans il s'était exilé volontairement et retiré définitivement dans les Pays-Bas où il essayait de se soustraire aux recherches de ses ennemis, mais l'on sait
que, selon le mot de Boileau, Louis XIV fut assez
heureux pour ne le pas trouver.

Le « vieux lion » d'ailleurs avait encore de rudes
ongles et du fond de son antre du *Béguinage* de Delft
ou de la rue Quakelstraet à Bruxelles, il poussait de
formidables et longs rugissements. Il était alors très
occupé par Jurieu, comme nous le verrons plus tard
et il hésita d'abord à répondre à M. le Fèvre ; mais
« pressé, comme il le dit lui même, par une personne
de qualité, de ses amis, qui craignait que les Protestants ne tirassent quelque avantage de l'ouvrage du
jeune docteur », il se rendit à ses instances et le fit
même très vite. Les *Motifs invincibles* avaient paru
au commencement de 1682, et dès le mois de décembre
de la même année, Arnauld publiait *Le Calvinisme convaincu de nouveau de dogmes impies, ou la Justification du Livre du Renversement de la Morale par les*

erreurs des Calvinistes, contre ce qu'ont écrit M. le Fèvre, docteur en théologie de la Faculté de Paris dans ses Motifs invincibles, et M. le Blanc, ministre de Sedan, dans ses thèses de la dernière édition.

C'est un ouvrage assez court et qui semble écrit trop vite. La plupart du temps Arnauld se contente de citer les paroles de le Fèvre et des ministres en les faisant suivre d'une réponse d'ailleurs nette et décisive. Il répond même souvent en se servant des aveux des ministres, des réponses de le Féron et de ce qu'il a déjà dit lui-même dans le *Renversement.*

D'ailleurs depuis dix ans la question s'était quelque peu modifiée. Satisfait des aveux des ministres, Arnauld fait des concessions de peu d'importance ; il ne prétend plus que tous les Protestants sans exception enseignent les dogmes de l'inamissibilité de la Justice et de la certitude absolue du salut, ou qu'ils les regardent comme un point capital et un article fondamental de leur Réforme. Il convient expressément que les Luthériens et les Arminiens sont notoirement opposés aux Calvinistes sur ces deux points ; il avoue même que parmi ces derniers, il y a quelques auteurs et quelques nouveaux ministres qui s'écartent du sentiment commun ; il admet qu'on ne doit pas imputer aux Calvinistes les conséquences tirées de leur dogme, lorsqu'ils les désavouent, quelque évidentes et nécessaires qu'elles puissent être...

L'unique question, dit-il, est de savoir si l'on ne peut pas regarder comme le sentiment commun des Calvinistes les erreurs enseignées par leurs Chefs, par leurs Synodes, par leurs Professions de Foi, par leurs Catéchismes et par le gros de leurs auteurs, et si l'on n'est pas en droit de combattre ces erreurs par les conséquences légitimes qui en résultent, quand même elles seraient désavouées.

Des auteurs Catholiques ont reproché à Arnauld d'avoir, volontairement et pour se séparer plus nettement encore des Protestants, exagéré le dogme calviniste et ses conséquences ; nous croyons au contraire que, s'il y a exagération et mauvaise foi, c'est du côté de M. le Fèvre. Il déguise trop la question, ou s'en écarte évidemment. La plupart des auteurs qu'il oppose à Arnauld sont des Luthériens ou des Arminiens que ce docteur n'avait pas attaqués. Quand il cite quelque calviniste, c'est le plus souvent pour prouver ce qu'Arnauld ne conteste plus.

Aussi après avoir expliqué tous ces textes, Arnauld maintient-il dans l'ensemble tout ce qu'il a avancé ; il prouve une dernière fois que le Synode de Dordrecht a défini l'inamissibilité de la justice, « et qu'il faut que M. le Fèvre n'ait guère lu ni ce livre ni ce Synode pour en avoir pu douter » ; il conclut qu'elle doit être regardée comme la doctrine commune des P. R. surtout en France. D'ailleurs tous les ministres, Claude, Jurieu, Merlat, le Blanc qui ont écrit contre le *Renversement* ont accordé le fait ; M. Merlat va même plus loin : « Il ne s'est pas contenté de défendre le mieux qu'il a pu, c'est-à-dire très misérablement la doctrine de sa secte, mais il s'est engagé à soutenir cet abominable paradoxe qu'on ne devrait pas quitter leur communion quand même on aurait bien prouvé contre eux que leur morale est détestable et qu'elle renverse la morale de Jésus-Christ. » Arnauld déclare que sur ce point il continuera de s'en rapporter aux ministres beaucoup plus qu'à M. le Fèvre.

**

Il pouvait croire qu'après des déclarations si nettes, la question était entendue, la discussion close ou plutôt devenue impossible : les Calvinistes, pensait-il, admettront tout plutôt que de revenir à l'Eglise Romaine et M. le Fèvre se fait illusion s'il espère les ramener par la conciliation. De plus dans cette discussion contre un de ses confrères en Sorbonne, Arnauld avait changé le ton de sa polémique. Bien que M. le Fèvre ait traité la question d'un ton aigre et même injurieux pour lui, il avait pris à tâche d'éviter tout ce qui aurait pu le blesser, tout terme dur et toute déclamation ; il avait rendu justice pleinement et sans arrière-pensée à ses talents, reconnu ses bonnes intentions, mis en lumière tout ce que son livre pouvait avoir d'utile et de bon ; si bien que Bayle ne peut s'empêcher de témoigner « sa surprise de ce qu'après une si rude et si flétrissante attaque, M. Arnauld se soit possédé au point qu'il l'a fait à l'égard de M. le Fèvre. *Janvier* 1685.

Malgré cette modération de son adversaire, le Fèvre s'obstina ; il fit savoir qu'il préparait une *Réplique à M. Arnauld pour la défense des Motifs invincibles.* Arnauld était au fond très ennuyé de cette querelle, parce qu'elle lui paraissait épuisée, les ministres avouant ce qu'il voulait, et parce qu'il avait dans son exil bien d'autres ennuis. Il écrivit à son confrère le 4 mai 1683 une lettre très calme, très bienveillante ; il lui déclarait que, puisqu'il n'avait pas été convaincu par les preuves alléguées, il comprenait parfaitement qu'il préparât un second ouvrage ; et il ajoute : « Je me promets que vous voudrez bien agir envers moi comme j'ai agi envers vous; je ne me suis pas contenté de rapporter vos sentiments dans une entière sincérité, je les ai rapportés dans vos propres termes, et n'ai pas omis une seule de vos preuves. N'ai-je pas droit de vous demander la même grâce au moins pour les points capitaux de ma justification. »

Puis il lui indique « huit points principaux sur lesquels il aura à donner une réponse catégorique » ; il lui concède une dernière fois que quelques Calvinistes ne professent pas le dogme en question ; il proteste, au nom de leur amitié chrétienne, qu'il n'a pas voulu l'injurier et qu'il a évité, ce qui est vrai, tout terme dur. « J'aurais seulement, ajoute-t-il en terminant, une grâce à vous demander, c'est que, si vous demeurez toujours dans la résolution de me répondre, vous vouliez bien mettre cette lettre à la tête de votre nouveau livre. »

Cette bonne lettre ne toucha pas M. le Fèvre ; il répondit le 25 juillet par une lettre pleine d'insolences, qu'il publia même en tête de son livre sans y joindre celle d'Arnauld, comme celui-ci l'avait désiré. Jurieu était ravi de cette querelle : « La chose est assez curieuse et assez singulière, s'écrie-t-il, un docteur de Sorbonne écrivant contre un autre docteur de Sorbonne en faveur de gens que l'un et l'autre regardent comme

de très méchants hérétiques ; cela est assez singulier
pour que le siècle en prenne connaissance. »

Le Fèvre fit lire à Bossuet sa *Réplique à M. Arnauld*,
mais sans lui en demander l'approbation : c'était prudent, disent les Jansénistes, car jamais il ne l'eût
obtenue de ce savant prélat (1). M. Pirot, approbateur
attitré des livres de controverse catholique « accablé,
disait-il, d'autres ouvrages » garda longtemps celui-ci
sans déclarer ce qu'il en pensait. Entre temps, une
copie « s'étant égarée » chez un libraire, l'ouvrage
fut publié sans approbation.

Bayle en rend compte dans ses *Nouvelles de la République des Lettres*, février 1685, et dit en parlant de
M. le Fèvre : « Il a de l'esprit, il est savant ; mais si
son antagoniste veut venir à la charge, il est sûr
qu'il trouvera des endroits moins fortifiés, où il le
pourra pousser un peu. » Arnauld refusa de « venir à
la charge » et de profiter de ces avantages. Il ne répondit pas plus aux attaques de Jurieu dans son *Apologie pour la Morale des Réformez*. Il l'avait lue, dit-il,
« avec indignation ; mais comme tout avait déjà été
solidement réfuté, c'eût été perdre du temps que de
revenir sur le même sujet ».

(1) Bossuet a toujours pensé comme Arnauld sur le fond
de la question et s'en est souvent expliqué dans ses ouvrages. Il dit dans sa *Dissertation Préliminaire* sur Grotius,
que Calvin admettait l'inamissibilité de la Justice, au milieu
des crimes les plus énormes, et la certitude infaillible
dans chaque fidèle de sa propre prédestination, en quelques crimes qu'ils pussent tomber. Cf. *Histoire des Variations*, liv. xiv.

Claude dans sa *Défense de la Réformation* (1682), dirigée spécialement contre les « Préjugez légitimes » de Nicole, déclare qu'il ne répondra pas à Arnauld et se contente de renvoyer le lecteur « à la Réponse que j'espère, dit-il, qu'on lui fera. »

Le P. d'Antécourt, chanoine régulier et chancelier de l'église Sainte-Geneviève, répondit au nouvel écrit de Claude par sa *Défense de l'Eglise* (1689), livre plein de piété et d'érudition, au témoignage de Gilbert de Choiseul, évêque de Tournay, qui l'approuva, et il consacra tout un chapitre (le 9e de la seconde partie) à prouver que « le sentiment commun des Calvinistes était tel que M. Arnauld l'avait représenté dans le *Renversement de la Morale ;* que ceux qui avaient voulu décharger leur secte de l'opprobre de ces erreurs avaient du moins été forcés d'avouer ces principes dont elles étaient une conséquence nécessaire, et que leur dernière défaite en adoptant ces principes avait été de dire qu'ils n'avaient ni vu, ni approuvé ces conséquences ; ce dont il était juste de leur donner acte. » Ces deux aveux, ajoute-t-il, peuvent suffire pour contenter quelques personnes savantes (M. le Fèvre sans doute) qui ont estimé qu'on ne devait pas les accuser de tenir cette doctrine monstrueuse. »

A ces « personnes savantes » il fut donné une dernière réponse par un anonyme, docteur de Sorbonne (M. le Féron probablement) dans un livre intitulé : *La Défense du livre intitulé le Calvinisme convaincu de nouveau, où l'on réfute les Réplique et Réponse des sieurs le Fèvre et Jurieu. A Cologne 1691.*

Cet ouvrage est partagé en trois livres : dans les deux premiers l'auteur examine tout ce que M. le Fèvre dans sa *Réplique* avait opposé au dernier ouvrage d'Arnauld ; il établit et résume la question d'une façon très lucide et la remet au point où l'avait laissée Arnauld avec toutes les concessions accessoires. Il discute avec beaucoup de sagacité et de précision tout ce qui s'est passé au Synode de Dordrecht. Il prouve que M. le Fèvre a confondu toutes les idées ; qu'il n'a pas su distinguer les *vrais fidèles* des *élus*, le dogme de *l'inamissibilité de la justice en soi* d'avec ses *conséquences*, *la perte totale de la justice* d'avec la *perte finale et sans ressource*. Il l'accuse d'user sans cesse de faux raisonnements, de subtilités et de subterfuges qui ne font honneur ni à son esprit ni à son cœur ; il relève ses manières malhonnêtes et choquantes dans sa lettre du 25 juillet à Arnauld.

Dans le troisième livre, il s'en prend à Jurieu, auquel il reproche des contradictions manifestes et grossières : il le convainc en particulier de *dix-huit* mensonges de compte fait, etc. etc.

On voit par là que le ton n'est pas celui d'Arnauld ; ces attaques trop personnelles sont d'un controversiste subalterne ; un chef de parti ne parle pas ainsi.

Quoi qu'il en soit, cet ouvrage, à défaut d'autres mérites, eut celui de clore une discussion trop longue et qui se termina d'ailleurs comme beaucoup d'autres : personne ne fut convaincu. Jansénistes et Protestants gardèrent leurs positions : les Calvinistes atténuèrent insensiblement la brutalité de leur dogme et continuèrent à se vanter d'avoir une morale bien supérieure à celle des Catholiques ; les Jansénistes continuèrent à déclarer qu'ils n'étaient pas responsables du relâchement de la discipline ecclésiastique et des compromis de conscience, autorisés par les Casuistes.

CHAPITRE IX

Remarques sur une lettre de M. Spon, savant antiquaire. — L'antiquité du Calvinisme ; singulier accueil fait en France à l'*Apologie des Catholiques.*

En même temps qu'Arnauld par lui-même ou par ses lieutenants livrait aux troupes calvinistes ces grandes batailles rangées, il savait aussi en tirailleur faire la petite guerre d'escarmouches. C'est ainsi qu'en 1681 il publia des *Remarques sur une Lettre de M. Spon de la R. P. R.*, à Anvers.

Jacob Spon, docteur en médecine, agrégé à Lyon, est une figure de savant assez originale au xviiᵉ siècle. Médecin très connu à Lyon, mais encore plus passionné d'antiquités et de recherches archéologiques, il avait déjà publié plusieurs ouvrages, entre autres : *De l'origine des étrennes,* 1674, lorsqu'un beau matin il laisse là sa clientèle et s'embarque pour l'Orient. En compagnie d'un jeune botaniste anglais, Wheler, qu'il avait rencontré, il visite la Grèce, la Dalmatie, la Troade, toute l'Asie-Mineure, etc.

Il revient au bout de vingt-deux mois d'absence et publie une partie de ses notes sous ce titre : *Voyage d'Italie, de Dalmatie, de Grèce et du Levant fait aux années 1675 et 1676, par Jacob Spon, docteur-médecin, agrégé à Lyon, et Georges Wheler, gentilhomme anglais.* Lyon 1678, 3 vol. in-12 avec 9 planches. C'était un ouvrage extrêmement intéressant qui servit longtemps de guide aux voyageurs en Orient.

Quoique protestant, M. Spon l'avait dédié au P. de la Chaise, confesseur du Roi, lequel se piquait de quelque connaissance des anciennes médailles. Le savant, paraît-il, espérait recevoir de quoi faire imprimer ses ouvrages : le Jésuite, par une lettre en date du 2 janvier 1680, ne lui renvoya que des félicitations banales, avec le conseil « de se servir des connaissances qu'il avait de l'antiquité pour sortir du malheur qu'il avait eu de naître parmi les nouveautés ».

La réponse ne fut probablement pas du goût du savant : il trouvait vraiment insuffisants les motifs de conversion. Il répondit au Jésuite par une longue lettre où il exploitait, en la retournant à son avantage, l'antithèse, peu spirituelle d'ailleurs, dont celui-ci s'était servi. Les protestants s'emparèrent de cette lettre, en multiplièrent les copies, et la firent enfin imprimer à Montauban et à la Réole.

Le confesseur du Roi était en assez mauvaise posture ; il lui fallait répondre. Arnauld, quoique fort mal en cour à cette époque et en exil, le tira d'embarras et fit la réponse que tout le monde attendait ; elle est très courte, très simple, d'autant plus intéressante peut-être et plus convaincante. Elle se compose de trente-six *Remarques* sur autant de passages importants de la lettre de M. Spon ; Arnauld les cite en entier sans en rien déguiser et y répond franchement et brièvement.

M. Spon partait de ce principe que « Dieu qui est un être immuable ne peut pas désapprouver le fond d'une religion qu'il aurait lui-même enseignée dès le

commencement, et en établir une autre toute différente ». D'où il conclut que « les Chrétiens ne doivent
point avoir dans leur créance et dans leur culte des
sentiments et des pratiques qui diffèrent de ce que l'on
croyait et de ce que l'on pratiquait dans l'ancienne
Eglise Judaïque, les choses cérémoniales et typiques
étant mises à part ».

C'est, pour ainsi dire, la majeure de l'argument du
savant. Arnauld la discute mot pour mot, et des cinq
raisons qu'il y oppose, il faut remarquer celle-ci : que
rien ne serait plus favorable aux sociniens que cette
théorie. Les sociniens, rationalistes avant le temps, faisaient dès lors la terreur des Catholiques et des Calvinistes qui se reprochaient mutuellement de les favoriser.

« Or, continue M. Spon dans sa mineure, nous
Calvinistes nous avons essentiellement la même religion que les anciens Juifs ; nous croyons comme eux
que Dieu veut être adoré en esprit et en vérité, sans
images, sans représentations ; comme eux nous n'in-
voquons ni les Anges ni les Saints ; comme eux nous
célébrons le culte en langue vulgaire, nous croyons
que le mariage est honorable pour tous ; nous expli-
quons les paroles de la Cène : « Ceci est mon corps »,
comme ils expliquaient celles qu'ils disaient en man-
geant l'agneau pascal : « Ceci est le pain d'affliction que
nos pères ont mangé. « Pas plus que les Juifs nous ne
croyons au purgatoire, nous ne prions pour les morts,
nous ne croyons aux différents vœux de célibat, de pau-
vreté, d'obéissance... Tout cela est ancien et tout cela
est pratiqué par les Calvinistes. Les autres dogmes

enseignés par l'Eglise catholique, toutes les autres pratiques qu'elle impose à ses fidèles sont des nouveautés dont on peut fixer exactement la date d'origine : tout cela est rejeté par nous Calvinistes, par conséquent c'est nous qui sommes les anciens, et vous Catholiques qui êtes les modernes, les novateurs. »

Il faut avouer que l'argumentation a quelque chose de spécieux. Mais Arnauld, par ses réponses patientes à chacun de ces points, démontre combien elle est superficielle ; il prouve amplement que toutes ces prétendues nouveautés de l'Eglise romaine étaient en germe dans le Judaïsme et que c'était la volonté formelle de Dieu que ce genre se développpât et s'épanouît en un corps de doctrine complet.

D'ailleurs il aurait pu couper court à cette discussion minutieuse, et renvoyer son « antiquaire » aux *Pensées* de Pascal ou même au *Discours sur l'Histoire universelle* que M. de Meaux venait de faire paraître : il y était surabondamment prouvé que Jésus-Christ est le centre de tout et que le Judaïsme n'était en grande partie que figure et caduc par conséquent.

Il fut fait dans la suite cinq ou six Réponses à la lettre de M. Spon, mais l'opinion publique, avec Bayle, les trouva « fort particulières et qui pouvaient recevoir un sens fort dangereux à la religion par leurs conséquences ». Celle d'Arnauld seule fut jugée par Bossuet « pleine d'éloquence et d'érudition ».

CHAPITRE X

Arnauld et Jurieu. — Caractère de Jurieu. — *Apologie pour les Catholiques* contre *Politique du clergé de France*; discussion politique autant que religieuse.

L'année suivante (1682) Arnauld se trouva pour la première fois directement aux prises avec un ennemi plus tenace que les autres ministres, et plus intraitable, sinon plus redoutable. Le « célèbre Monsieur Jurieu » comme l'appelle son confrère Basnage était encore ministre à Sedan et il commençait à se faire une place à part dans le Calvinisme français et dans la polémique contre les Catholiques.

Claude était déjà vieux ; sa défaite dans sa conférence avec Bossuet, sa modération, les hésitations qu'on lui prêtait en face du Catholicisme, les avances que lui faisaient les Jésuites tout cela lui avait peu à peu retiré l'autorité sur ses coreligionnaires. D'ailleurs les temps devenaient mauvais pour les Calvinistes ; on passait peu à peu à la violence du langage, précurseur d'autres violences.

Jurieu était bien l'homme qui répondait aux nécessités actuelles. Il ne manquait ni de talents, ni d'érudition, ni d'éloquence ; mais il était surtout plein d'audace et de passion ; il avait voué une haine mortelle à l'Eglise romaine. Dans la discussion il était « injurieux » à l'excès, selon le mauvais calembour de Sainte-

Beuve, il prodiguait à ses adversaires, les outrages et les sarcasmes; peu scrupuleux sur les moyens à employer il ne reculait pas devant le mensonge, l'exagération et les insinuations perfides.

Esprit ardent et emporté, il ne pouvait vivre en paix avec personne, et ses confrères, Bayle surtout, à Sedan et en Hollande, eurent beaucoup à souffrir de lui. Son caractère intraitable s'aigrit encore et s'exaspéra après la révocation des Edits de Nantes; il joua au prophète inspiré — peut-être était-il sincère après tout, car on a parfois remarqué en lui des symptômes de folie — ; il annonçait d'après l'*Apocalypse* la chute de la Bête, qui n'était autre que l'Eglise romaine; il échauffait à distance par ses fameuses *Lettres Pastorales* l'enthousiasme ou plutôt la folie religieuse des prophètes et prophétesses des Cévennes, etc.

D'ailleurs très révolutionnaire, il avait en politique et en religion des idées très avancées; il prônait en plein xviie siècle l'abolition de la royauté et l'établissement de la démocratie illimitée; il réclamait la liberté absolue de la critique des saintes Ecritures, chacun se faisant sa foi à lui même, sans adhésion à telle ou telle Eglise. Il poussa d'ailleurs si loin ses excès que la plupart des ministres ses confrères furent obligés de le désavouer publiquement.

Tel était le nouvel adversaire auquel Arnauld s'attaqua vers 1682. Voici dans quelles circonstances. A cette époque, comme on le sait, Louis XIV poursuivait activement son dessein arrêté de porter « le dernier coup à la dernière tête » de la Réforme. Grâce aux édits royaux, aux missions, à l'activité du Clergé et des Controversistes, grâce aussi, il faut bien le dire, aux dragonnades, les Protestants, ministres en tête, revenaient en masse à l'Eglise catholique : des cantons entiers, dans le Midi surtout, abjuraient le Calvinisme et l'on peut croire facilement que Louis XIV, au moment de révoquer l'Edit de Nantes, ait été persuadé, comme on l'a dit, qu'il n'y avait presque plus de protestants dans son royaume.

Quoi qu'il en soit, ces conversions exaspéraient les chefs du parti. Jurieu, en particulier, ne savait que dire de ces « chutes scandaleuses » « de ces lâches apostasies ». Il exhala sa colère dans un premier livre intitulé : *Politique du Clergé de France*, 1680.

Il y prétend qu'à cause de l'obéissance qu'ils doivent au Pape, les Catholiques doivent être suspects aux Princes, car ils sont ennemis de l'ordre public. Les Calvinistes, au contraire, n'ayant d'autre maître que le Roy, sont sans contredit ses meilleurs sujets. En veut-on un exemple terrible et récent : que l'on se rappelle cette infernale conspiration ourdie il y a deux ans par les Catholiques d'Angleterre, avec l'approbation du Pape, et qui a failli coûter la vie au roi Charles II. D'ailleurs la plupart des dogmes catholiques sont ridicules ou odieux, quoi qu'en dise M. Bossuet dans son *Exposition de la Foi*, chef-d'œuvre de mensonge et de dissimulation...

Ce simple résumé de sa thèse montre quel est désormais le mode de controverse adopté et préféré par Jurieu : du dogme il fait fi ; s'il en parle, c'est pour

jeter la discorde au sein du Calvinisme ou pour injurier les Catholiques; de la morale il n'a cure; s'il en
parle, c'est pour la forme, puisqu'aussi bien il serait mal
séant de laisser sans réponse les attaques d'Arnauld.

Mais c'est sur le terrain politique qu'il entreprend
vigoureusement la défense du Calvinisme; il sent que
son parti est attaqué surtout de ce côté, que là est le
danger. Il soupçonne le Clergé de France d'inspirer à
Louis XIV toutes les mesures efficaces qu'il prend; il
n'en a pas de preuves, mais il l'affirme hardiment;
avec une audace qui ne manque pas d'habileté, si l'on
songe aux difficultés pendantes alors entre la cour de
Rome et Louis XIV, il retourne la question et présente
ses coreligionnaires comme les sujets les plus soumis
et les plus fidèles.

Son livre fut accueilli par les Protestants avec des
transports de joie; c'était comme la calomnie atten-
due, l'œuvre de délivrance. Ils le répandirent partout
à profusion; en moins de deux ans ils en firent quatre
éditions en français et deux en hollandais : ils avaient
le triomphe bruyant.

**

De tous côtés les Catholiques demandaient que l'on
fît une réponse. M de Neercassel, archevêque d'Utrecht
sous le titre d'évêque de Castorie, et janséniste de marque, pressait son très intime ami Arnauld de donner
cette réponse. Il écrivit même, 27 mai 1681, à Bossuet
à ce sujet. Bossuet répondit qu'il désirait ardemment
« que celui qui avait répliqué à M. Spon avec tant de

force et d'érudition réfutât de même la *Politique du Clergé de France* ». « Libellum, car toute correspondance avec M. de Néercassel est en latin, cui titulus : *La Politique, etc.*, utinam ille refutet qui hanc Epistolam (D. Sponii) tantis jam viribus, tantaque eruditione confecit. »

Arnauld qui n'avait pu, déclare-t-il lui-même, lire, sans indignation de si horribles calomnies, se décida à les réfuter et dès le mois d'octobre 1681 il donnait la première partie de son *Apologie pour les Catholiques contre les faussetés et les calomnies d'un livre intitulé : La Politique du Clergé de France. Fait premièrement en français, et puis traduit en flamand.* 1re Partie : « Sur ce qui regarde la fidélité que les sujets doivent à leurs Princes, où l'on trouvera une ample justification des Catholiques, à l'égard de la prétendue conspiration d'Angleterre, par les procès mêmes de ceux qu'on a fait mourir à ce sujet. A Liège, chez la veuve Bronkart. »

Dans la *Politique du Clergé* il y avait deux parties bien distinctes : tout d'abord des plaintes particulières sur la persécution exercée en France contre les Protestants ; Jurieu reprend ce thème inépuisable avec plus de détails et plus de force dans son *Préservatif*. Arnauld déclare net qu'étant loin de France il n'est pas assez informé de tous ces petits faits, et qu'il les laissera de côté. Mais il veut répondre surtout à la deuxième partie de la *Politique*, entreprendre contre Jurieu la justification générale des Catholiques et les laver de toutes les calomnies, de tous les reproches articulés contre eux.

« Les Princes Huguenots, avait dit Jurieu, ne peuvent avoir la même tolérance pour les Catholiques dans leurs Etats, que les princes catholiques peuvent avoir pour les Huguenots, parce que les Princes Protestants ne peuvent être assurés de la fidélité de leurs sujets catholiques, à cause qu'ils ont fait serment de fidélité à un autre prince qu'ils considèrent comme plus grand que tous les rois, qui oblige les peuples à croire qu'un Souverain tombé dans l'hérésie est déchu de tous ses droits de souveraineté ; qu'on peut impunément se révolter contre lui ; qu'on peut lui courir sus comme à un ennemi du nom chrétien, jusqu'à l'assassiner. »

Le style vient péniblement, et la calomnie aussi ; mais celle-ci finit par être très clairement énoncée : et l'on voit que là encore nos politiciens actuels n'ont rien inventé

— Quelle effronterie ! s'écrie Arnauld, de venir supposer un pareil serment ! Quelle fausseté de prétendre que le Pape conseille et permet la révolte ! »

— « Mais les Jésuites ont enseigné cette doctrine ! »

— « Les Jésuites, s'ils l'ont enseignée, ont été désapprouvés et condamnés par l'Église. Ce sont les Huguenots au contraire qui sont infidèles aux Rois ; voyez-les en France : ils ont désolé notre pays pendant trente ans. Ils l'avouent eux-mêmes ; que dis-je ? ils s'en vantent assez haut. Les plus méchants livres contre la Souveraineté des Rois, et la liste en est longue, ont été faits par les Prétendus Réformés et réfutés par les Catholiques. Qu'on se souvienne de Buchanan, de Junius Brutus, de Henri Estienne, de David Paraens et de tant d'autres ! »

— Cependant vous ne pouvez nier que le Clergé de France, d'après ses maximes de conscience, ne doive s'attacher au Saint-Siège de préférence à tout ! »

— En ce qui regarde la foi, oui ; dans les choses temporelles, non. »

— Et la Ligue ? Et toutes ces révoltes contre l'autorité royale ? »

— Mais ce fut précisément la rébellion des Huguenots qui produisit la faction de la Ligue ; sans l'hérésie de Calvin, il n'y aurait jamais eu de Ligue. Quand la Sorbonne a déposé Henri III, elle a, de l'avis même de ses Docteurs, suivi les principes Calvinistes. »

— Mais aujourd'hui dans l'affaire de la Régale, nous prenons sur le fait la rébellion du Pape et des Evêques contre le Roy. »

— La Régale n'est dans son origine qu'un différend entre le Roy et quelques Evêques, où le Pape est pris comme juge ; et puis autre chose est résister *à une prétention injuste du Roy*, autre chose est se révolter contre lui. Il est bon que parfois quelques Evêques osent représenter aux Rois quels sont les droits réels de l'Église. Vous parliez des « Ligueux » tout à l'heure, mais est-ce que les Puritains d'Angleterre n'ont pas voulu à leur exemple empêcher le duc d'York de monter sur le trône d'Angleterre ? Voici des documens aussi sûrs que longs qui le prouvent amplement. »

— Oh ! l'Angleterre ! Mais est-ce que il y deux ans les Catholiques Anglais n'avaient pas ourdi, avec l'appui des Jésuites et la connivence du Pape, une immense conjuration pour assassiner le Roy, et égor-

ger la moitié du Royaume pour se rendre maître de
l'autre ? »

— Mais cette conjuration n'est qu'une fable gros-
sière, inventée de toutes pièces par l'imagination et la
haine des Protestants. En voulez-vous des preuves ? Voici
les pièces du procès : interrogatoires, plaidoiries, réquisitoires, dépositions des témoins à charge et à décharge, tout prouve clair comme le jour qu'il n'y a pas
eu de conspiration et que ni le Pape ni les Jésuites
ne sont à incriminer : il n'y a là qu'une erreur judi-
ciaire monstrueuse. Et je ne crains pas de m'étendre
beaucoup sur ce sujet, car je le trouve d'une importance capitale dans la question que je traite. Là encore
je prouve, en détruisant la légende, que si les Calvinistes se sont révoltés plusieurs fois en vertu même
de leurs principes contre l'autorité des Rois, les Catholiques ne l'ont jamais fait, parce que leur doctrine
s'y oppose.

*
* *

La seconde partie de l'*Apologie pour les Catholiques*
fut publiée l'année suivante (1682). Arnaud y traite
toujours contre Jurieu « de divers points de doctrine »
et de fait, c'est assez mêlé : il y a de tout.

Les premiers chapitres pourraient s'intituler : Défense de l'*Exposition de la Foi* de M. de Meaux : « Vous
ne pouvez plus, dit-il en substance à son adversaire,
répéter que le livre de M. de Meaux ne contient pas la
vraie doctrine catholique : il a été approuvé par tous
les évêques et tout récemment par le Pape. Aussi

8

maintenant vous changèz de tactique ; vous aviez beaucoup redouté tout d'abord « les chants de cette Sirène », et aujourd'hui vous affectez de dire qu'ils ne sont propres qu'à ruiner l'Eglise Romaine. Non, soyez-en bien certain, le Pape, malgré vos insinuations, ne retirera pas l'approbation qu'il vient de lui donner ; il ne croira jamais, comme vous le dites, que ce livre favorise les Déistes qui doutent de la divinité des Livres de l'Ecriture, ou les Sociniens qui sont vos amis plutôt que les nôtres.

« Vous ne ferez croire non plus à personne que sur le sujet de l'Eucharistie, les « Disciples de saint Augustin » s'entendent avec les Calvinistes. Pour réfuter cette calomnie, je vais vous rappeler la dispute de l'auteur de la *Perpétuité* avec M. Claude et les principaux arguments par lesquels ce dernier a été confondu ; c'est un peu long, mais le sujet en vaut bien la peine. Ce « Tiers Parti » que d'après vous nous formerions dans l'Eglise Catholique n'est qu'une pure invention de votre imagination.

« Vous parlez ensuite des conversions si nombreuses aujourd'hui et qui vous chagrinent tant. Vous ne les croyez pas sincères ; attendez au moins la défection avant de vous prononcer. A propos de la conversion de M. de Turenne qui vous a fait tant de tort, vous reprochez au Roy ses libéralités envers les familles pauvres qui se convertissent : c'est une injure gratuite que vous faites à ce grand monarque.

« Vous incriminez le zèle des Missionnaires de France et des pays infidèles. Vous dissimulez mal la

joie que vous ont causée les massacres récents du
Japon. Cette cruelle persécution a été excitée, sachez-
le bien, par le Président (Calviniste) du Comptoir et de
la Compagnie de Hollande. Vous devriez plutôt gémir
du peu de zèle de vos confrères. A défaut de zèle, ils
emploient la calomnie contre les Catholiques ; ils expo-
sent faussement notre doctrine, et se font passer pour
des gens revêtus d'une mission extraordinaire ; mais
ils n'ont aucune mission, ni eux, ni vos premiers
Réformateurs. D'ailleurs, les conversions sont si nombreuses aujourd'hui que bientôt la R. P. R. ne sera
plus qu'à l'état de souvenir sur la terre de France. »

C'est sur cette réflexion, assurément peu agréable
aux ministres, qu'il termine un ouvrage où l'Histoire,
la Théologie et le Journalisme ne font pas trop mauvais
ménage.

CHAPITRE XI

Singulier accueil fait en France à l'*Apologie pour les catholiques*; meilleur succès dans les autres pays. — Le *Préservatif* de Jurieu et *Réflexions* d'Arnauld; de la persécution exercée contre les Protestants.

L'*Apologie pour les catholiques*, qui paraissait au moins inoffensive à la Religion et à l'État, eut néanmoins une destinée bien tourmentée. Arnauld publiait ce livre avec la plus grande confiance : il y avait établi clairement l'absolue fidélité des Catholiques envers leurs Princes ; il avait revendiqué ouvertement en faveur de Louis XIV les droits du pouvoir temporel ; il avait prouvé l'innocence des Jésuites dans la Conspiration d'Angleterre, il approuvait entièrement dans ses lettres la Déclaration des quatre Articles et il conjurait Rome de ne pas la condamner. Que fallait-il de plus ? Il pouvait se croire en sûreté et espérer que son livre allait pénétrer librement en France pour y porter la bonne parole.

Mais il oubliait, le malheureux, qu'il était le chef du Jansénisme, affligé « d'un second péché originel », ineffaçable celui-là ; mais il publiait en même temps, l'imprudent, des ouvrages comme ceux-ci : *Lettre d'un Chanoine à un Evêque... sur la Régale ; Considérations sur les affaires de l'Église qui doivent être proposées à la prochaine Assemblée du Clergé ; Remontrance au Roy ; Morale Pratique des Jésuites*, etc. Il savait pourtant bien, (il le dit lui-même dans plusieurs lettres à cette époque), qu'il avait dans les « Ultramontains » des ennemis irréductibles ; que d'autre part M. de Harlay aurait dit en parlant de lui : « J'ai 50.000 livres à employer pour le faire prendre, et il faut que lui ou moi périsse » et envoyé à sa recherche le fameux exempt Des Grès ; que son livre n'avait ni approbation, ni privilège, etc.

Il fut toutefois bien « étonné » quand il apprit par les Gazettes que ce livre si attendu, si utile, si nécessaire, était arrêté à la frontière comme un vulgaire hérétique ; qu'une Ordonnance Royale le déclarait « pernicieux à l'Église et à l'État » et qu'il était défendu « à tous Libraires et Imprimeurs de le débiter ». Les libraires intimidés refusent de le recevoir ; Arnauld et ses amis se chargent de la vente ; mais à plusieurs reprises la police saisit des ballots tout pleins d'*Apologies*, de *Mallets*, de *Morales Pratiques*.

Le principal entrepositaire était le P. du Breuil, de la Congrégation de l'Oratoire dont on l'appelait « les délices », curé de Sainte-Croix de Rouen. Il est arrêté et mis à la Bastille. L'Intendant de Normandie est révoqué, les officiers de la douane inquiétés, la douane elle-même fermée pendant quelques jours ; tous les vaisseaux venant de Hollande visités de la mâture à la cale ; près de douze cents personnes « mises dans les chaînes » ; toute la police de la Reynie sur les dents, et tout cela au sujet d'un livre qui fait l' « Apologie des Catholiques » ; il faut avouer que le fait est assez piquant.

Arnauld naturellement fut aussi peiné que surpris de cette persécution. Il subissait de ce chef une grosse perte matérielle et il s'en afflige beaucoup ; des mauvais traitements infligés à ses partisans, il s'afflige aussi, peut-être un peu moins : c'est une distraction d'auteur et une naïveté de grand homme.

Il proteste comme de juste ; il emploie tous ses moyens d'action auprès du Roi ; ils sont assez restreints. L'archevêque de Reims auquel il s'adresse, car il est le chef de l'opposition contre M. de Harlay, manque trop de bonne volonté et de courage. Bossuet, à qui cependant on avait envoyé par trois fois l'*Apologie*, Bossuet lui-même se taisait. Ce silence affecta beaucoup ce pauvre grand Arnauld qui s'en plaint amèrement dans une lettre du 6 mars 1683 au médecin Dodart : « ....Sur l'*Apologie* vous me permettrez de vous dire que je ne suis pas trop satisfait de votre ami (Bossuet) à qui vous l'avez montrée. Ce n'aurait pas été un grand effort de générosité de se montrer garant qu'on ne ferait rien contre un tel livre ; il a assez d'accès auprès du Roy pour lui faire entendre raison sur cela, s'il avait tant soit peu de zèle pour la vérité (*entendez le Jansénisme*). Mais la grande maxime de ce temps est de ne se point faire d'affaires.»

Mais rien n'y fit : les livres restèrent confisqués, l'*Apologie pour les Catholiques* prohibée et les amis d'Arnauld embastillés. Dix ans après, en février 1692, comme on venait de transférer le P. Du Breuil pour la sixième fois d'un lieu d'exil à un autre, Arnauld écrivait à Mme de Fontpertuis : « Ce que vous me mandez du P. Du Breuil me perce le cœur. Mais est-il possible qu'on ne puisse trouver personne qui représente au Roy le misérable état où il est... Ne pourrait-on point engager quelqu'un des Ministres à en parler à Sa Majesté, ou à leur défaut, Mme de Guise, ou Mme la princesse de Conti, ou Mme de Maintenon? Enfin il faudrait tenter toutes choses et ne se point rebuter quand on n'aurait pas réussi par l'une...». « La vérité, écrivait aussi le janséniste Du Guet à la même époque, est qu'on ne trouve personne qui ose parler ou qui puisse le faire avec succès. Les uns ne veulent pas, les autres craignent, et d'autres nuiront au lieu de servir... » Le P. Du Breuil mourut en exil en 1699. Décidément Louis XIV avait résolu la destruction de Port-Royal aussi bien que celle des Temples calvinistes: il poursuivait la famille tout entière.

**

L'*Apologie* cependant était très bien reçue en Angleterre. Les Catholiques l'ayant fait traduire la propageaient activement et l'on peut dire qu'elle ramena l'opinion en leur faveur. On vit le Grand Chancelier témoigner en mourant un extrême regret d'avoir condamné Stafford, et déclarer que c'était « par la lecture de l'*Apologie* qu'il avait été entièrement convaincu de son innocence. »

Ce qui surtout avait gagné à Arnauld la sympathie et la confiance des Protestants anglais, ce fut la loyauté et la bonne foi avec laquelle il avait, dans une addition au premier tome, rectifié une erreur involontaire à propos de Southweel, secrétaire du Conseil Royal. Il avait accusé ce Ministre d'avoir avancé dans le fameux procès un fait contraire à la vérité ou malignement ou très témérairement. Southweel prouva sa bonne foi par les pièces authentiques ; Arnauld rectifia son assertion et fit publier cette rectification dans les Gazettes de Hollande, en particulier dans les *Nouvelles de la République des Lettres*.

En Allemagne aussi l'*Apologie* fut fort appréciée. Leibnitz, pour ne citer que lui, écrivait au Landgrave de Hesse le 27 avril 1683 : « Il n'y a que l'amour de la vérité qui ait pu porter M. Arnauld à écrire contre la prétendue Conspiration d'Angleterre, car il n'appartenait pas aux nommés Jansénistes de justifier les Jésuites. »

« Les « Ultramontains » des Pays-Bas n'approuvèrent pas ce qu'il écrivait contre le pouvoir du Pape, mais ils l'excusèrent, avec M. de Néercassel, qui faisait remarquer dans une lettre à Casoni « qu'il était français et qu'il écrivait pour l'honneur et la défense du Clergé de France. »

En France, à cause même des poursuites de police, l'*Apologie pour les Catholiques* fut très lue, dans son format in-12 très commode et que l'on pouvait facilement dissimuler.

En même temps qu'Arnauld publiait le premier volume de l'*Apologie*, paraissait à la Haye un long ouvrage intitulé : *Le Préservatif contre le changement de Religion, ou Idée juste et véritable de la Religion catholique et romaine, opposée aux portraits flattés que l'on en fait, et particulièrement à celui de M. de Condom dans son Exposition de la Foy. La Haye, 1681.* Il n'y avait pas de nom d'auteur, mais, au style emporté, aux injures et aux calomnies prodiguées partout, on reconnut bien vite Jurieu. Effrayé du grand nombre de conversions opérées par l'*Exposition de la Foy* de Bossuet, comme s'il eût été le pasteur suprême et même unique des Eglises protestantes, il essayait d'arrêter ce mouvement vers l'Eglise romaine et de détruire l'effet produit.

Son livre eut d'abord beaucoup de succès : « En six mois de temps, s'il faut en croire Jurieu lui-même dans le *Janséniste convaincu,* il fut imprimé quatre ou ou cinq fois et tourné en plusieurs langues étrangères. »

Arnauld n'y tint pas ; avant de commencer le second volume de son *Apologie,* il entreprit de réfuter cet audacieux ouvrage. Son travail parut au commencement de 1682, sous ce titre : *Réflexions sur un Livre intitulé Préservatif contre le changement de Religion, etc... qui font voir le peu de solidité et de Jugement de cet auteur, dans la manière dont il combat l'Exposition de la doctrine Catholique de M. l'Evêque de Meaux, et dans la plainte qu'il fait que les Prétendus Réformez souffrent en France une persécution cruelle. Anvers, chez Nicolas Le Fèvre.*

Bossuet témoigna à plusieurs reprises son entière satisfaction. En particulier, dans une lettre à Mme de Norton, il disait que « quand son *Exposition* n'aurait produit que ce bel ouvrage, il serait bien payé de la peine qu'il avait eue de le faire » ; au comte d'Avaux, il déclare que « l'ouvrage vient de bonne main, et selon qu'on en peut juger, il n'y a pas à douter qu'il ne soit de M. Arnauld ».

Cependant Arnauld, qui avait dans l'*Apologie pour les catholiques* déployé toute sa dialectique et toute sa science, pour réfuter la *Politique du Clergé*, ne s'était pas mis autant en frais contre le *Préservatif*. Il emploie son procédé ordinaire de composition, quand le temps lui manque et qu'il ne veut pas faire un « juste volume » ; il cite des passages de son adversaire et y répond par autant de « Réflexions ». Ici, il y en a seize seulement, parce que le livre du ministre lui paraît « pitoyable pour le fond, quoique assez bien écrit en français, et fait de paroles sans aucune solidité. »

Jurieu, dans son *Préservatif*, commençait par jeter un cri d'alarme et de détresse : « Jamais, s'écrie-t-il, la vérité ne fut attaquée par tant de moyens, ni combattue avec tant de succès. L'on ne voit de toutes parts que chutes scandaleuses. Il est temps de se réveiller quand la maison brûle, et l'on peut dire que si le zèle de nos Réformés de France ne se rallume, ils sont à la veille de voir la ruine générale de leur parti. »

Arnauld prend simplement acte de l'aveu, et s'en montre d'autant plus satisfait que le ministre est effrayé. Et qu'est-ce donc surtout qui lui donne tant d'épouvante ?

« Le livre de M. de Condom est un des moyens dont on se sert avec le plus de succès pour faire illusion aux esprits chancelants... La tentation est puissante, le tour qu'a pris M. de Condom est adroit, ses manières sont fines et délicates. » Nous sommes heureux, avec Arnauld, d'enregistrer cet aveu forcé sur la valeur de l'*Exposition de la Foy*.

« Mais, déclare aussitôt le ministre, M. de Condom n'obtiendra jamais le résultat qu'il poursuit, car il ne faut pas le dissimuler, nous ne voulons point une demi-réformation ; nous voudrions que l'on renonçât à ce que l'on considère comme l'essentiel et le capital. » Là-dessus, Arnauld se moque, avec assez de raison, de cette prétention du ministre qui dit « nous » et veut parler au nom de tous « dans une chose qui doit dépendre de la conscience de chaque calviniste, selon les principes de cette nouvelle religion ».

Le P. Crasset avait publié un livre où la doctrine catholique sur l'invocation des Saints était un peu exagérée ; les termes employés pouvaient prêter à l'équivoque. Le ministre s'en était servi habilement, il triomphait et s'en donnait à cœur joie sur « l'Idolâtrie romaine ». Arnauld remet les choses au point. Il désavoue le Jésuite non sans une secrète joie, et même il va trop loin quand il l'appelle un « chétif copiste des auteurs les plus outrés qui eussent écrit sur l'invocation des Saints », et lorsqu'il déclare qu'il ne fait « non plus d'état de ce que le Jésuite avait écrit que de ce qu'avaient avancé Escobar et Tambourin. »

Il suit le ministre à travers toutes ses dénégations contre l'Exposition : les articles fondamentaux, l'adoration de l'Eucharistie, l'autorité du Pape, autant de questions discutées dans les onze premières *Réflexions*.

Bossuet ayant voulu faire de l'*Exposition de la Foy* un ouvrage très court, avait peu cité de textes calvinistes à l'appui de ses assertions. Jurieu avait profité perfidement de cette omission pour nier tout ce qu'il avançait contre la Réforme. Arnauld cite *in extenso* tous ces textes auxquels Bossuet faisait simplement allusion et il achève, pour ainsi dire, le livre du grand évêque.

Dans les cinq dernières *Réflexions*, Arnauld parle « des plaintes que fait le ministre, des persécutions cruelles que les calvinistes auraient eu alors à supporter en France. » Dans la *Politique du Clergé* et dans les *Derniers efforts de l'Innocence affligée*, Jurieu avait fait un tableau affreux de ces prétendues persécutions ; celles que les païens avaient exercées contre les premiers chrétiens n'étaient rien auprès de celles-ci.« On abat nos temples, disait-il, on nous ôte les moyens de vivre, on pille nos biens, on nous arrache nos enfants, on démolit nos maisons... On nous met en prison, on donne la gêne et la torture, on tue à coups de bâton, on pend, on brûle sans forme de procès, etc.» Il représentait l'Intendant de Poitou, « la bourse dans une main, les armes à l'autre, disant et faisant dire que le Roy ne veut plus souffrir la R. P. R. dans son royaume. A sa suite des soldats ont fait brûler à petit feu la plante des pieds de leurs hôtes, ils ont pendu des femmes au plancher... »

Arnauld qui n'est pas en France ne sait pas au juste ce qui s'y passe. Heureusement il vient de recevoir

« un livre nouvellement imprimé à Paris » qui a pour titre : *Histoire des Edits de pacification, et des moyens que les P. R. ont employés pour les obtenir : contenant ce qui s'est passé de plus remarquable depuis la naissance du Calvinisme jusqu'à présent, par le sieur Soulier, prestre.* Arnauld met à profit cette coïncidence providentielle. Il fait de larges extraits de ce livre qui expose la situation telle qu'elle est, avec preuves à l'appui, et il prouve que le ministre par passion exagère beaucoup les faits. Il y a là des détails fort intéressants pour l'Histoire de la Révocation de l'Edit de Nantes, mais qui ne font rien à notre sujet.

D'ailleurs, conclut Arnauld, quand bien même la persécution sévirait ainsi en France, les Catholiques de Hollande ne sont pas mieux traités par les Protestants et ils ont tout autant de sujets de plainte. Par conséquent le « Vendeur de préservatif » n'a rien à dire ; il est condamnable de tout point quand il écrit « que dans cette foule de malheureux, il s'en trouvera sans doute enfin, qui oubliant entièrement leur devoir, prendront des résolutions désespérées, et qu'il est impossible qu'entre deux ou trois cent mille personnes en état de porter les armes, il ne s'en trouve un bon nombre de fous, d'impatiens et de désespérés qui prendront les armes. » On ne peut pas imaginer un appel à la révolte plus perfide et plus réel.

Et là-dessus tout fier d'avoir défendu M. de Meaux, et d'avoir lancé une pierre du torrent à ce « Goliath de Jurieu », Arnauld se remet au second volume de son *Apologie pour les Catholiques.*

Mais quoique touché, le « Goliath » n'était pas mort. Il donna bien vite signe de vie en lançant dans la mêlée coup sur coup trois énormes ouvrages dont il nous reste à parler : *Le Calvinisme et le Papisme mis en parallèle* ; *Le Janséniste convaincu* ; et enfin *L'Esprit de M. Arnaud.*

CHAPITRE XII

Le Calvinisme et le Papisme mis en parallèle de Jurieu; — genre de polémique des deux adversaires; leurs qualités et leurs défauts. — *Le Jansénisme convaincu de nouveau*, contre Bossuet surtout, quoique indirectement.

Le Calvinisme et le Papisme mis en parallèle est en 4 vol. in-12 ; le premier volume est sans indication ni de lieu ni de date, mais il est précédé d'un frontispice symbolique et satirique assez curieux. Au bas un Jésuite lève son masque et montre une figure grotesque qui essaie cependant de sourire à un évêque ventri‑potent, languissamment étendu en face sur de moelleux coussins ; au-dessus d'eux rayonne la « Saincte Réformation » sous la figure d'une belle vierge sévère. Les trois autres tomes sont : A Rotterdam, 1683.

L'ouvrage était déjà écrit quand parut le premier volume de l'*Apologie* et les *Réflexions sur le Préservatif;* Jurieu ne peut donc attaquer Arnauld que dans la Préface et dans le dernier chapitre du 4ᵉ volume. Il dit que l'*Apologie pour les Catholiques* n'est qu'un tissu d'injures et d'outrages, que le titre seul du *Calvinisme de nouveau convaincu* est une offense intolérable aux Réformés ; les pouvoirs publics devraient bien mettre un terme à tant de calomnies. Quant à lui Jurieu, il a pour le « Roy sous la domination duquel il a eu l'honneur de naître, toute la vénération et tout le respect qu'un sujet est capable d'avoir pour un prince si grand et si puissant ».

Quand on connaît ce que Jurieu d'autre part pensait et disait du Roi, cette déclaration de loyalisme ne laisse pas de provoquer une douce hilarité.

Dans le dernier chapitre, Jurieu revient sur la conspiration d'Angleterre et reproche à l'auteur de l'*Apologie* d'établir ses Réflexions sur des pièces qui ne sont que des libelles fabuleux, calomnieux, faux dans toutes leurs parties et qui portent sur le front les marques de leur fausseté. Il est plutôt à croire que c'est son raisonnement qui porte cette marque ; il a vraiment la négation trop facile.

Le reste de l'ouvrage est dirigé contre le P. Maimbourg, dont le soi-disant « caractère » est présenté au lecteur dans une longue Lettre-Préface de 98 pages. Si intéressant qu'il soit pour l'histoire générale de la controverse, nous n'avons pas à nous y arrêter ici ; il nous suffira d'indiquer les titres des trois Parties, lesquels d'ailleurs sont assez suggestifs : *Apologie pour les Réformateurs, pour la Réformation et pour les Réformez, contre un Libelle intitulé l'Histoire du Calvinisme, 1re Partie* ; c'est la contre-partie avant la lettre d'une partie de l'*Histoire des variations* de Bossuet ; *Défense de la manière dont la Réformation de Zwingle et de Calvin s'est établie en divers lieux de l'Europe et particulièrement en France, 2e Partie* ; c'est une histoire fantaisiste des guerres de Religion ; *Histoire du Papisme, réponse par voie de récrimination aux trois grandes accusations répandues dans l'ouvrage du sieur*

Maimbourg, contenant l'Histoire abrégée des troubles que le Papisme a causés dans le monde, des cruautés qu'il y a exercées et de ses attentats contre l'autorité souveraine. 3e Partie : le tout est, comme bien l'on pense, une compilation d'histoires scandaleuses et graveleuses, contre le clergé catholique tant régulier que séculier. Notre presse contemporaine, malgré la liberté dont elle se targue, n'a pas plus d'audaces que ce ministre calviniste du XVIIe siècle.

** **

Mais c'est surtout contre Arnauld qu'il exerça sa verve et sa malice dans les deux derniers ouvrages dont nous avons donné le titre. Il semble avoir contre le chef des Jansénistes une rancune personnelle et tout à fait particulière ; à ses autres adversaires, à Bossuet surtout, il reconnaît des qualités de style et d'érudition, mais à Arnauld il refuse tout. C'est qu'il s'est bien vite rendu compte qu'Arnauld ne pouvait pas lutter contre lui à armes égales. Sans doute le docteur de Sorbonne est un puissant logicien ; il connaît, il possède même à fond saint Augustin, il a une certaine connaissance des antiquités ecclésiastiques. Il a une santé robuste et une plume infatigable ; mais il manque à peu près totalement de ce que l'on appelle l'esprit, ou du moins il se l'interdit dans la polémique.

Et puis quelle lourdeur de style, quelles phrases longues, ternes, sans relief ! Quelle suite fatigante de raisonnements qui se développent lentement, d'une marche régulière et prévue ! Comme une pesante

9.

baleine il évolue péniblement en s'ébrouant dans un vaste océan d'arguments et de syllogismes ; il ne se noie pas ; il reste maître de l'endroit qu'il a choisi, cependant il finit par lasser l'attention.

On aime beaucoup mieux ce squale agile qui l'attaque de tous côtés à la fois, le presse, l'agace, le met en fureur et se dérobe prestement à ses lourdes ripostes pour la plus grande joie des spectateurs. Jurieu en effet a tous les talents nécessaires à la controverse.... déloyale ; il n'a ni scrupules, ni conscience ; quand il n'a pas de faits réels, il en invente à plaisir ; tout lui est bon pour abattre et terrasser son adversaire ; par principe et avec réflexion il emploie les plus grosses injures: il se dit qu'il en restera toujours bien quelque chose dans l'esprit du lecteur.

De plus, et c'est ce qui fait sa grande supériorité sur Arnauld dans ce débat, il a du style. Sans doute, quand il discute Théologie, il n'est guère moins pesant ni moins ennuyeux que le « Disciple de saint Augustin »; il semble ne le faire jamais qu'à son corps défendant et quoiqu'il soit moins lent dans son raisonnement, on sent trop chez lui le parti-pris irréductible. Il cherche non la vérité, mais le moyen de confondre son adversaire. Mais quand il se met à battre les buissons voisins — et il se livre souvent à cet exercice, car encore une fois il n'est théologien que par nécessité — quand il parle politique par exemple ou qu'il se livre à la satire personnelle, son style se transforme de suite, sa phrase devient rapide, vive, incisive, claire ; elle porte le trait juste à l'endroit sensible.

Il manie l'ironie avec une aisance et une légèreté remarquables à son époque. Au début de son *Janséniste convaincu* il se raille ainsi de l'anonymat de M. Arnauld : « Monsieur Arnauld est venu au monde tout exprès pour tirer les hommes de l'ignorance et les délivrer de mille erreurs... Or, ce serait sans doute une erreur extrêmement criminelle que d'attribuer à quelques esprits inférieurs les ouvrages de ce puissant génie ; il ne veut pas qu'il soit dit qu'il ait laissé vivre les hommes dans des opinions fausses dont il aurait pu les tirer. C'est pour cela qu'il prend un si grand soin d'instruire le public par ses lettres et par ses amis qu'il est le père de tels ou tels ouvrages... En ne mettant pas son nom à la tête de ses ouvrages, il obtient la louange d'être le plus humble de tous les hommes ; il se dérobe au chagrin que sa modestie souffrirait par l'accablement des louanges qui lui reviendraient. Cependant, comme il aime le repos du genre humain, quand il voit qu'on s'est longtemps fatigué à chercher l'auteur d'un de ses ouvrages, il a la bonté d'entr'ouvrir le rideau sous lequel sa modestie se tenait cachée... » Jurieu appuie un peu trop peut être, mais l'ironie est de bon aloi.

Arnauld dans ses *Réflexions* avait traité Jurieu de « petit auteur, d'homme sans nom » et son livre de « petit ouvrage ». Jurieu, très vexé, car il était plein d'orgueil et de vanité, lui retourne des compliments ironiques à foison. Il lui donne continuellement du grand homme, du grand auteur ; il admire à jet continu « ces gros et grands ouvrages ». Puis il éclate brusquement : « Mais ce petit auteur, dit-il, a eu le plaisir de causer du chagrin et de l'indignation à ce grand homme en luy faisant voir qu'il est le plus insigne calomniateur qui soit au monde, qu'il n'a ni sincérité, ni conscience, qu'il a dissimulé honteusement les justifications que nous apportons contre ses calomnies, quoy qu'il les sçût, qu'il a combattu des auteurs qu'il n'entendait pas, que dans les lieux où il les entend il détourne leur vrai sens avec une souveraine malignité... En un mot ce petit auteur a fait voir que ce gros ouvrage du *Renversement* est un tissu d'illusions, de sophismes, d'inutilités et de ridicules raisonnements. M. Arnauld avait un peu d'intérêt à se justifier de tout cela. Mais ces « grands auteurs » ont bien besoin de se justifier contre ces « petits écrivains ! » »

C'est la série des injures qui commence, et l'on voit « comme en termes galants ces choses-là sont mises ». Evidemment Jurieu ne cherche pas l'expression polie. D'ailleurs il ne fait que rendre à Arnauld, comme on dit, la menue monnaie de sa pièce : celui-ci l'appelle couramment « vendeur d'antidote, homme sans science, sans jugement », il traite tout ce qu'il dit de folie, d'extravagance, d'impertinence, d'impiété, de blasphème, de socinianisme, de nestorianisme et autres injures théologiques de même valeur.

Jurieu lui rend tout cela avec usure. Nous ne le suivrons pas à travers les trois cent vingt-huit pages de son *Janséniste convaincu de vaine sophistiquerie*, où il lui rend si généreusement tout ce qui lui a été donné. Il essaie cependant de discuter sérieusement, en les

prenant l'une après l'autre, chacune des *Réflexions*
d'Arnauld. Puis il revient sur l'ouvrage du P. Crasset :
pour lui le P. Crasset parle au nom de l'Eglise
Romaine et l'Eglise Romaine est manifestement enta-
chée d'Idolâtrie : on ne pourra jamais lui ôter cela de
l'esprit.

Mais c'est surtout à l'*Exposition de la Foy* de Bossuet
qu'il s'en prend ; il prétend que cet ouvrage est inutile,
puisque « depuis cent cinquante ans que les savans se
tuent à disputer de part et d'autre » on sait bien ce que
l'Eglise enseigne ; M. de Meaux l'a fait dans des vues
intéressées, les Evêques qui l'approuvent ont les
mêmes intérêts et de concert avec lui veulent tromper
les Protestants... Cette insistance nous prouve une
fois de plus que Jurieu sentait parfaitement la valeur
de ce livre et elle annonce la lutte terrible que le
« Goliath du Calvinisme » allait bientôt engager avec
« l'Aigle de Meaux ».

Dans le dernier chapitre, Jurieu donne ce qu'il appelle
« le Catalogue des calomnies atroces de M. Arnauld
contre le Réformez ». Il y a là un mouvement d'éloquence, factice il est vrai, mais assez curieux : toute
une série de phrases commencent par ces mots :
M. Arnauld est un calomniateur et un imposteur,
quand il dit que.... Jurieu cite le texte et il essaye de
montrer en quelques phrases rapides où est la calomnie. C'est monotone, si l'on veut, l'on sent trop la déclamation dans la forme et le sophisme dans le fond, mais
cela ne laisse pas à la longue de s'imposer au lecteur ;
en lisant ce passage et d'autres semblables, les Calvi-

nistes surtout devaient emporter la conviction que cet Arnauld était vraiment digne de tous les mépris.

Jurieu s'arrête habilement sur cette dernière impression, car, dit-il, « il n'en fallait pas tant pour abîmer et écraser ce pitoyable petit livre des *Réflexions*, et certes on ne se serait pas donné la peine de le refuter, n'était que le monde est entêté de l'auteur et qu'après avoir méprisé cet ouvrage avant que de scavoir qui l'avait fait, par une bizarrerie assez ordinaire aux hommes, on l'aurait regardé comme quelque chose après avoir su le nom de celui qui a mis au monde cette production, quelque misérable qu'elle soit. »

On aime à trouver sous la plume de Jurieu cet aveu, bien forcé il est vrai, de la célébrité d'Arnauld et de l'influence que ses écrits, si indigestes qu'ils fussent, pouvaient avoir sur ses contemporains.

CHAPITRE XIII

L'Esprit de M. Arnauld ; — la grande colère du ministre Jurieu ; il frappe à coups redoublés à côté d'Arnauld et du sujet ; — ce qu'il pense de la cour de Louis XIV ; — opinion d'Arnauld sur la manière de traiter les Protestants ; — ce qu'il propose.

Quelques mois après, au commencement de l'année 1684, Jurieu revint à la charge et publia : *L'Esprit de M. Arnaud, tiré de sa conduite et des écrits de luy et de ses disciples, particulièrement de l'Apologie pour les catholiques, ouvrage où l'on trouvera quantité d'observations et de pièces curieuses utiles à la connaissance de l'histoire ecclésiastique du temps.* A Deventer, chez les héritiers de Jean Columbius, 2 vol. in-12.

Il y a de tout dans ces deux gros volumes, l'un de 452 et l'autre de 478 pages. A propos d'Arnauld, Jurieu parle de tout et de tous, des catholiques surtout. On sent que le ministre de Rotterdam est exaspéré par l'exil et par les mauvaises nouvelles qui arrivent de France ; sa verve est excitée, mais aussi sa colère, et comme un fou furieux il frappe sans discernement tout ce qui se rencontre devant lui. Il use d'un procédé très simple, mais aussi passablement malhonnête : toutes les calomnies, médisances et injures qui ont été débitées par les Jansénistes contre les Jésuites, par les Jésuites contre les Jansénistes et surtout par les Protestants contre l'Eglise Romaine, il les recueille avec soin, les transcrit avec une joie visible, affecte d'y croire et y ajoute encore. Il fait ainsi de son livre une compilation méchante de tout ce que les Protestants aux environs de la Révocation de l'Edit de Nantes osaient penser et écrire à l'étranger contre le gouvernement de Louis XIV et contre l'Église catholique.

Cela ne manque pas d'un certain intérêt historique ; mais le livre est mal composé ; on y perd souvent de vue Arnauld et on ne le retrouve qu'après de longs et inutiles détours. D'autre part il prouve trop pour prouver quelque chose ; il y attaque trop de personnes pour que l'on soit frappé de ce qu'il dit contre Arnauld ; en somme il fait plutôt le procès de l'Église catholique que celui du Janséniste : mais le réquisitoire est si violent et si évidemment exagéré qu'il est inoffensif et l'on a pu dire que Jurieu y montre précisément en action tous les défauts qu'il reproche injustement à Arnauld et aux catholiques.

Il déclare dans sa Préface qu'il est « tout bouillant de colère contre ce Tartuffe qui impose au genre humain depuis tant d'années ». Cela ne se voit que trop.

Au début du premier volume il cite en entier la fameuse lettre du 17 janvier 1682 dans laquelle Arnauld se plaint à l'archevêque de Reims de ce que l'on a confisqué des ballots de son *Apologie* ; et là-dessus il explique tout au long les motifs de l'inimitié qui existe, dit-il, entre l'archevêque de Reims et celui de Paris. Puis il revient au sujet : il donne les raisons pourquoi selon lui les livres de M. Arnauld ne peuvent entrer en France. « Premièrement ce sont les ouvrages de M. Arnauld et c'est une marque infaillible de réprobation chez M. l'archevêque de Paris et dans la Théologie du P. de la Chaize : les enfants sont très souvent punis pour leurs pères.... Et puis M. Arnauld prouve très bien dans ses livres contre MM. les Molinistes ce qu'il veut prouver ; c'est une nouvelle raison pour leur fermer la porte : pour se battre en sûreté, il est de la prudence de se battre tout seul. Dans *l'Apologie pour les Catholiques* il flatte la Cour pour obtenir grâce; mais il ne veut pas la flatter en tout. On ne veut point en ce païs-là de demi-complaisance ; tout ou rien. »

Puis il se moque assez spirituellement du Janséniste et de ses déconvenues : « Le bonhomme se lasse de son exil et de ses courses. Il voudrait bien rétablir son bureau d'adresse au Fauxbourg Saint-Jacques. Comment faire pour en venir à bout ? il faut louer le Roy et le flatter. Et justement le livre de la *Politique du Clergé* s'est trouvé en chemin : Beau texte pour élever la puissance des Rois, pour accuser les Huguenots de n'avoir pas été fidèles à leurs Princes ! » Mais peine perdue ! « En pays huguenot on regarde *l'Apologie* comme un libelle violent ; en France on lui ferme la porte comme à une ennemie du Royaume, et dans les Pays-Bas on n'a pas voulu en permettre l'impression à Bruxelles. »

Pour montrer « l'esprit vindicatif » de M. Arnauld et de ses disciples, il cite tout au long des satires abominables qui couraient alors contre l'archevêque de

Paris : l'Inscription pour la Pyramide à élever dans la cour de l'archevêché, la Profession de Foy de M. de Harlay : ni Juif, ni Payen, ni Mahométan, ni Chrétien, ni Réformé, ni Janséniste, etc. » Il commente longuement tout cela ; il ne craint pas d'écrire ce que les ennemis de l'archevêque, déclare-t-il, disent tout bas sur sa conduite privée. Puis il crie au scandale, il feint l'indignation et il accuse hardiment Arnauld et ses disciples d'être les auteurs de toutes ces satires ; évidemment le commentaire qu'il en fait est plus méchant que tout ce que les Jansénistes ont jamais pu dire contre M. de Harlay.

« M. Arnauld n'épargne pas ses amis. » Témoin sa lutte contre le P. Malebranche, et là-dessus Jurieu fait une longue critique acerbe et violente de l'oratorien : jamais Arnauld n'en avait dit ni pensé la centième partie.

« M. Arnauld et ses disciples ne sont pas exempts de socianisme. » C'était là l'injure la plus grosse que Catholiques et Protestants pouvaient se faire à cette époque ; aussi les voyons-nous se la renvoyer continuellement ; ils s'accusent sans cesse les uns les autres *de favoriser les Sociniens et d'ébranler par leurs principes la divinité de Notre-Seigneur Jésus-Christ.* Aussi Jurieu ne manque pas de s'y arrêter longuement. *Il proteste que les Calvinistes n'ont pas prêté aux Sociniens le principe de leur erreur, et qu'au contraire ceux-ci peuvent vivre dans l'Eglise Romaine sans violer leurs principes, et de fait ils y sont en très grand nombre...* Bossuet reprendra cette question plus tard dans ses *Avertissements aux Protestants* contre Jurieu lui-même, et il prouvera sans réplique que le Protestantisme est le père du Rationalisme.

« M. Arnauld nie sans pudeur les faits notoires ; on l'a bien vu dans l'affaire des cinq Propositions. » De là, longue histoire de toutes les batailles qui se livrèrent autour de l'*Augustinus*. M. Arnauld est un fourbe, car ces propositions sont dans Jansénius ; M. Arnauld est de mauvaise foi, car les Calvinistes pensent sur la Grâce comme les Jansénistes, et il ne veut pas l'avouer. Jurieu, comme on le voit, sait trouver l'endroit sensible. Ce reproche, en effet, devait être de tous le plus cruel pour Arnauld que nous avons vu travailler si diligemment à se séparer des Protestants.

« M. Arnauld est de mauvaise foi dans les disputes, en particulier contre M. Mallet et M. Claude », d'où histoire détaillée de ces deux querelles.

« M. Arnauld manifeste bien sa bassesse ! et sa lâcheté ! quand il fait l'éloge des Missionnaires aux Indes », d'où histoire aussi fausse que longue des Missions chinoises et japonaises ; « et quand il parle des conversions de France et de la manière dont on *les fait.* » Ici le *style du ministre devient violent,* l'indignation fait trembler sa plume et Arnauld est bien vite oublié.

Il est d'ailleurs intéressant pour l'histoire d'enregistrer la pensée du ministre persécuté. Il prétend tout d'abord que la persécution exercée contre les Huguenots est contre les intérêts du Roy et que « tous les

Protestants de l'Europe subiront le joug du Turc plutôt que celui d'un prince persécuteur. » Il y avait là une menace terrible contre le Catholicisme, car l'on sait qu'à cette époque les succès des Turcs contre l'Autriche étaient fort inquiétants. Si les Protestants avaient suivi le conseil de Jurieu, c'en était fait de l'Europe Catholique.

Ensuite Jurieu se demande qui est responsable de la persécution présente, et dans une page curieuse où il est assez difficile de distinguer l'ironie du vrai, il passe en revue et élimine successivement, tout en les jugeant assez librement, les principaux personnages de la Cour.

« La faute n'est ni à M. de Louvois, qui est homme d'une grande application à ses devoirs ; il y a de la fierté, de la rudesse dans son humeur et de la dureté dans ses manières. Cependant son cœur n'est pas tourné du costé de la cruauté.....

« Ni à M. l'archevêque de Reims, son frère, qui est autant amateur de sa personne que M. de Louvois l'est de celle de son maistre : fût-on Turc, Juif, Maure, Mahométan, Infidèle, Huguenot, tous les honneurs lui sont bons de quelque costé qu'ils viennent. Il veut estre scavant, il veut estre Théologien... Mais avec cela nous dirons toujours pour lui faire justice, qu'il n'est point mesfaisant par inclination :

« Ni à M. le Chancelier qui ne s'y laisse aller que par faiblesse ;

« Ni à M. de Colbert qui, dans son ressort, fait des merveilles et qui voit avec déplaisir que la conduite de la Cour gaste les affaires qu'il a en main et diminue les Finances ;

« Ni à M. de Segnelay, qui ne sera jamais pour nous pendant que nous serons misérables, car il n'aime pas les malheureux ; mais il n'entre point dans les grands conseils qui se forment pour nostre ruine...;

« Ni à M. de Croissé qui est ministre des Affaires étrangères et qui en cette qualité sent trop bien toutes les difficultés apportées aux négociations par la persécution ;

« Ni à M. l'archevêque de Paris qui est un galant homme, d'un abord charmant, d'une conversation honneste, qui aime tous les plaisirs ; ce n'est point sa dévotion qui l'a tourné vers la persécution, car tout le monde sçait qu'il n'est rien moins que bigot... ni le dessein de faire sa cour au Pape, car il ne persécute pas moins le Pape et les papistes que les Huguenots ; ce bon prélat n'a pas grande aversion, ni pour les opinions, ni pour les actions qui sont contraires à la religion ;

« Ni au P. de la Chaize qui n'est pas plus coupable qu'un autre et qui avant son avancement était honneste ;

« Ni à Mgr le Dauphin qui a passé par les mains de gens trop sages et trop modérés dans son enfance et sa jeunesse pour qu'il ait les maximes d'un persécuteur ;

« Ni aux femmes de la Cour qui nous détestent, mais n'ont point de crédit ; ni aux courtisans qui sont presque tous libertins, comme l'abbé de Dangeau par exemple, lequel après avoir fait le tour de toutes les religions a trouvé qu'il était à propos de n'en point avoir à soy et d'adopter celle du Roy. »

Cette revue passée, Jurieu conclut hardiment : « Notre malheureuse étoile veut que le Roy soit nostre ennemi, le premier et le plus grand de nos ennemis ; on peut dire que de l'esprit des ecclésiastiques zélés il a fait son propre esprit. C'est sa volonté qui dirige toute la persécution, et pourquoy ? On ne peut nier qu'une dévotion mal entendue et un zèle mal conduit ne portent le Roy à ces extrémités contre nous. » On remarquera que Jurieu ne parle même pas de Mme de Maintenon, *et pourtant Dieu sait comme on a rendu responsable de la persécution cette femme*, respectable de tout point, quoi qu'on en ait dit.

Nous voilà bien loin d'Arnauld et des Jansénistes ; mais pourquoi aussi Jurieu fait il de semblables digressions ? Nous n'en sommes guère plus près au chapitre suivant, quand le ministre compare et fort longuement « la République de Venise et celle de Hollande pour la corruption des mœurs », sous prétexte qu'Arnauld, sur la foi du voyageur Tavernier, avait accusé les Hollandais d'irréligion et de libertinage.

Ce Tavernier, mais c'est « un vil calomniateur » : il impute à toute une nation les péchés de quelques particuliers, il veut que la Hollande réponde des dérèglements de quelques femmes de Batavia, fi donc ! Voyez plutôt la « Catholique Venise, si proche de Rome ! quel foyer de corruption ! quelles mœurs infâmes dans l'aristocratie ! que d'incestes ! de vices contre nature !

que de courtisanes ! etc. » La plume du ministre n'a reculé devant aucune horreur : il a l'imagination aussi sadique que facile.

Et cette diatribe en deux volumes se termine par une longue lettre ouverte à M. de la Reynie « touchant la recherche, la poursuite et la punition des Jansénistes. » Si elle n'était pas écrite par un ministre proscrit lui-même, et si par conséquent elle ne pouvait pas passer pour ironique, cette lettre serait franchement odieuse, car ce serait un modèle de délation motivée. Cela fait peine cependant de voir cet exilé descendre à de semblables bassesses.

***

Arnauld ne répondit que par le mépris à ce débordement d'injures. Nous avons à ce sujet une lettre qu'il écrivit à M. de Vaucel en date du 2 novembre 1685, et dans laquelle tout en appréciant à sa juste valeur l'ouvrage de son ennemi, il explique les motifs de son silence : « Je croirais, dit-il, mon temps mal employé de répondre au livre de Jurieu, qui a pour titre : *L'Esprit de M. Arnaud.* Ce n'est qu'un ramas de faits, ou tout à fait faux, ou déguisés, ou véritables. Que pourrais-je dire sur les faux, sinon que ce ministre est un menteur et calomniateur ? Trouve-t-on que ce soit là un emploi digne de moi ? Que devrais-je faire sur les déguisés ? Lui répéter les mêmes injures, ou séparer ce qu'il y aurait de vrai d'avec ce qui serait faux ? Ne serait-ce pas une belle occupation et bien agréable, et dont l'Eglise retirerait bien du fruit ? Mais

que faire des faits scandaleux que le monde ne doute
pas qui ne soient véritables et qui regardent des personnes qualifiées ? Faudra-t-il que sur ceux-là mêmes
je crie à l'imposteur ? C'est ce que je ne ferais pas pour
un royaume. Car je n'ai su encore ce que c'était que
de parler contre ma conscience, et je ne commencerai
pas si tard à apprendre à me servir d'un langage que
je n'entends point. Cependant si je n'avais rien dit de
ces histoires, ceux qu'elles concernent m'en auraient su
fort mauvais gré, et se seraient plaints avec quelque
couleur, que j'aurais par là donné un grand avantage
contre eux à ce violent déclamateur, qui n'aurait pas
manqué de prendre mon silence pour preuve de la
vérité de ces faits... Je vous avoue donc, mon cher
ami, que j'ai été fort surpris, qu'on ait pu croire que la
réfutation de ce livre fût une occupation plus avanta-
geuse à l'Eglise, et plus digne de moi, que ce que
j'écris contre le P. Mallebranche... »

Il faut bien dire aussi que l'accueil fait en France à
son *Apologie pour les Catholiques* n'était guère de
nature à l'encourager, il se disait non sans raison,
qu'après tout ce n'était pas à lui à défendre les Jésuites
et le clergé de France... malgré eux ; dans la lettre
même que nous venons de citer, quand il parle de « ces
faits scandaleux » qu'il ne saurait nier, l'on sent toute
la rancœur qu'il avait contre l'archevêque de Paris.

D'ailleurs il devait bien comprendre enfin qu'il ne
luttait pas à armes égales contre Jurieu et que celui-ci
aurait toujours les lecteurs et les rieurs de son côté.
Bossuet seul pouvait enserrer ce lutin dans le réseau

serré de sa logique et de ses raisonnements ; seul aussi il pouvait, par son éloquence et par la perfection de son style, forcer les lecteurs à étudier sérieusement les questions controversées et à juger où était la vérité, où le sophisme.

A cette époque encore on abandonnait peu à peu les questions de dogme et de morale, la controverse tendait de plus en plus à se réduire à la grande question de l'autorité de l'Eglise, Arnauld, on le conçoit, ne se sentait guère autorisé à discuter cette question.

D'autre part, quelques-uns de ses amis, paraît-il, ne l'approuvaient pas dans cette lutte à outrance contre les protestants. Voici du moins ce que dit l'évêque anglican Brunet dans sa *Relation* d'un voyage qu'il venait de faire en France : « Je vis à Paris Saint-Amour, ardent janséniste et auteur du *Journal de ce qui se passa à Rome lors de la condamnation des cinq Propositions de Jansenius* ; il déplora en ma présence l'aigreur et la violence avec lesquelles Arnauld avait écrit contre les Protestants, et il m'assura qu'il en avait été blâmé par tous ses amis. »

Toutes ces raisons expliquent parfaitement le silence d'Arnauld : il cessa donc d'écrire contre les Protestants et se consacra tout entier à la défense du Jansénisme quiétait alors très attaqué.

*
* *

Il nous reste donc avant de le quitter à indiquer brièvement quelle fut sa pensée au sujet des persécutions contre les Protestants et sur la Révocation de

10.

l'Edit de Nantes. Il n'approuvait pas complètement les moyens de conversion employés. Voici ce qu'il écrit à M. Dodart, le 26 avril 1682 : « J'ai lu depuis peu la suite du livre de la *Politique du Clergé*, sous le titre des *Derniers efforts de l'Innocence affligée*. Si la moitié des faits qu'il rapporte est vraie, il faut avouer que la manière dont on s'y prend, ou plutôt dont on s'y est pris, dans le Poitou et dans la Saintonge pour convertir les Huguenots est pitoyable, et qu'on devait plutôt penser à ce que dit saint Augustin dans sa Lettre à Donat, proconsul d'Afrique : *Onerosior est quam utilior diligentia, quamvis ut magnum caveatur malum, cogitantum homines, non doceri.* »

Et puis il indique par voie de récrimination quels sont, à son avis, les meilleurs moyens à prendre : « On n'a aucun soin de mettre de saints Evêques et de bons curés dans les lieux où il y a beaucoup de Huguenots, ni d'attirer les Ecclésiastiques à l'étude de la Controverse par d'honnêtes récompenses, ni d'ôter les pierres de scandale qui retiennent les Calvinistes dans leurs sectes ; et l'on s'imagine que l'on ruinera l'hérésie par des moyens humains, qui rendent la Religion Catholique odieuse, comme est l'Edit qui donne aux enfants de sept ans le pouvoir de choisir de quelle Religion ils veulent être, ce qui leur donne sujet de faire de furieuses déclamations contre les persécutions qu'on leur fait en France... »

Il écrivait encore à M. de Vaucel le 13 Décembre 1685, après la Révocation de l'Edit de Nantes : « Je pense qu'on n'a pas mal fait de ne point faire de réjouissances publiques à Rome pour la Révocation de l'Edit de Nantes et la conversion de tant d'hérétiques ; car comme on y a employé des voies un peu violentes, *quoique je ne les croie pas injustes*, il est mieux de n'en pas triompher. »

Il ne croit donc pas ces rigueurs « injustes », il le dit encore dans une lettre du 28 du même mois : « L'exemple des Donatistes peut autoriser ce qu'on a fait en France contre les Huguenots, en ce qui est des pertes temporelles qu'on leur fait souffrir par les logemens de guerre et le bannissement des ministres.... »

Quant à la Révocation même de l'Edit, il l'approuva sans arrière-pensée, comme d'ailleurs tous ses contemporains. On ne songeait pas à cette époque, même dans le parti protestant, à contester au Roi le droit d'établir en France l'unité de Foi et de Religion : c'était la maxime encore reçue par toute l'Europe. On ne discutait que les moyens employés.

Aussi Arnauld dès le 20 octobre 1685 annonce-t-il tout joyeux à M. de Vaucel « la grande nouvelle de la Déclaration du Roy par laquelle il casse l'Edit de Nantes » et il énumère avec satisfaction les abjurations qui se sont faites immédiatement à Paris : « Trente à Saint-Sulpice, six à Saint-Gervais, dix aux Jésuites de la rue Saint-Antoine et ainsi du reste. » Le 27, il écrit de Bruxelles à Mme de Fontpertuis, à cette folle qui a couru M. Arnauld partout, selon le mot de Louis XIV : « On a été bien surpris ici de la Déclaration. Comme on y est bon Catholique, on s'en réjouit fort. Mais apparemment ceux de Hollande en seront bien allarmés. On sera bien aise de savoir ce qui en sera arrivé et s'il y aura eu bien des gens à qui elle aura fait ouvrir les yeux.... », et il conseille de faire lire aux nouveaux convertis, pour les affermir dans la foi, son *Apologie pour les Catholiques* « dont j'ai ouï dire qu'il y en a plusieurs centaines qui pourrissent dans des ballots » confisqués par la Police ; ici c'est l'auteur qui parle ; voici le Janséniste : « Il semble aussi qu'il serait bon d'acheter, pour les nouveaux convertis qui ne seraient pas assez riches, et de faire acheter aux riches, une certaine *Année Chrétienne* où sont toutes les Messes de l'année, avec de fort belles explications des Epistres et Evangiles. » Il s'agit ici de l'*Année Chrétienne* du Janséniste M. le Tourneux, laquelle fut condamnée cette année même par la congrégation de l'Index ! Il faut avouer qu'Arnauld n'était pas en l'espèce mieux avisé que désintéressé dans les conseils qu'il donnait...

CHAPITRE XIV

Les prétendus Réformez convaincus de schisme; — réponse
trop sérieuse de Nicole aux *Considérations sur les Lettres
circulaires;* — méthode des « moyens abrégés. » — Réponse de
Jurieu à Nicole; — entrée en scène de Bossuet. — Absence de
controverse au XVIIIe siècle.

La lutte active que le « vieux solitaire » abandonnait
ainsi fut continuée pendant quelque temps par Nicole.
Les deux amis étaient alors, comme on sait, séparés
et ne devaient plus se revoir ici-bas.

Après le dernier exode des chefs Jansénistes dans
les Pays Bas en 1679, le doux Nicole n'a pas tardé à
avoir la nostalgie de la France et à regretter « la liberté
du pavé de Paris ». Il eut tout d'abord des discussions aigres-douces avec Arnauld et ses autres amis
M. le Roy, M. de Pontchâteau... Il finit par rentrer
en France, poursuivi par les reproches de timidité, de
pusillanimité et autres plus désagréables encore.

Mais aussi bien est-ce qu'il était obligé, cet homme
pacifique et inoffensif, pour faire plaisir à Arnauld,
de rester enfermé toute sa vie « comme dans une prison sans avoir même la liberté de mettre le nez à la
fenêtre de peur d'être reconnu ? » Est-ce qu'il n'avait
pas le droit de se reposer un peu avant l'éternité ? Il
serait intéressant d'étudier dans leurs diverses péripéties cette séparation des deux amis et cette « défection »
de Nicole, mais cela nous entraînerait trop loin.

Quoi qu'il en soit, Nicole rentré en France avait enfin obtenu, après bien des incertitudes et des mésaventures, la permission de se fixer à Paris, en Mai 1683. C'est là qu'il écrivit, par manière d'actions de grâces, « ou de rançon », dit Sainte-Beuve, ses deux derniers livres contre les Calvinistes : c'est l'archevêque de Paris lui-même qui lui aurait donné ce conseil.

***

Le premier ouvrage a pour titre : *Les Prétendus Réformez convaincus de Schisme, pour servir de Réponse à un écrit intitulé : Considérations sur les Lettres Circulaires de l'Assemblée du Clergé de France de l'année 1682*, Paris, chez Guillaume Desprez, in-12, 1684.

Nicole y répond à la fois à deux livres de Claude, à la *Defense de la Réformation* publiée en 1673 contre les *Préjugéz légitimes,* et aux *Considérations sur les Lettres Circulaires*. Les membres de l'Assemblée de 1682 s'étaient montrés, comme on sait, fort préoccupés du retour des Protestants à la foi catholique ; c'était même pour faciliter ce retour, disait-on, qu'ils avaient rédigé les quatre Articles contre l'autorité du Pape. Quoique séparés brusquement par les ordres du Roi, ils avaient eu le temps de composer deux Lettres Circulaires (on en attribue la rédaction à Bossuet) aux Evêques de France. La première fort éloquente les exhortait à travailler avec ardeur à la conversion des Protestants de leurs diocèses respectifs ; la seconde indiquait seize méthodes qui pouvaient être employées dans les Controverses.

Voici d'ailleurs un excellent résumé qu'en fait Nicole lui-même dans sa Préface des *Prétendus Réformez* : « Le Clergé de France, dit-il, ne manquait pas de plaintes à faire contre la société des Prétendus Réformez, et tant de libelles par lesquels ils ont tâché de le décrier dans toute l'Europe ne lui fournissaient que trop de matière ; mais il a cru devoir mettre à part tout cela pour ne s'attacher qu'à l'essentiel. Il les accuse d'avoir violé l'unité de l'Eglise par le Schisme et d'avoir corrompu la Foi par l'Hérésie. Il les conjure de faire réflexion sur ces deux points et il s'offre de les éclaircir de l'un et de l'autre, par les Conférences et par les autres moyens qu'il est résolu d'y employer. Il s'attache même particulièrement au Schisme, en leur demandant avec instance, pourquoy ils sont séparés de nous... »

Ces *Lettres circulaires* pouvaient avoir une grande portée et faire beaucoup de tort aux Protestants ; Claude qui était encore à cette époque le chef reconnu du Calvinisme français, avait dû y répondre : « Il le fit, dit encore Nicole, sans se renfermer dans les mêmes bornes que le Clergé de France. Il a tâché d'entasser dans un fort petit écrit tout ce qu'il a pu de plaintes et de reproches. Les déclamations sur les prétendues violences du Poictou y ont trouvé place. Les Déclarations du Roy y ont été traitées avec les mêmes outrages que dans les autres libelles. Il y a fait de même le procez aux officiers du Roy qui ont ordonné par des Arrêts contradictoires la démolition des Temples usurpés contre l'Edit de Nantes ; et s'il fait mine enfin de venir à la question du Schisme, il y mêle cent choses inutiles pour embarrasser la dispute. » M. Claude a d'ailleurs été beaucoup « plus sérieux » jadis dans sa *Défense de la Réformation* où « il a mis beaucoup de choses spécieuses pour justifier le Schisme des Protestans. » C'est donc surtout ce dernier livre que Nicole s'attachera à réfuter, quoique le titre n'en fasse pas mention.

Il emploie là aussi ce qu'il appelle la méthode des « moyens abrégés » ou encore des « préjugéz ». « Mon dessein, dit-il, n'est pas de m'arrêter à une infinité de choses inutiles que l'on a mêlées dans ces disputes ; ni même à tous les points qui, pouvant être traités avec quelque utilité, doivent néanmoins être renvoyés après l'examen du fond... Quand il s'agit d'éclaircir de bonne foi une question aussi importante que celle du Schisme que nous nous reprochons mutuellement, il faut s'y attacher uniquement sans y mêler autre chose. »

Il y a peut-être là une critique voilée du genre de controverse d'Arnauld et d'autres encore qui multiplient vraiment trop les questions, sans savoir discerner quelle est l'essentielle.

Quoi qu'il en soit, Nicole trace nettement les limites où doit se tenir sa controverse : « Nous avons été unis autrefois dans la même communion ; nous sommes présentement divisés les uns des autres et nous formons deux différentes communions. Il y a donc Schisme de part ou d'autre... De quel côté ? Voilà de quoy il s'agit. »

Il prouve d'abord que « selon l'extérieur la société

des P. R. ressemble fort à une société schismatique. Ils ne peuvent sans une témérité criminelle juger que l'Eglise Romaine est coupable d'erreurs incompatibles avec le salut, et que leur société en est exempte, car les Calvinistes ignorants n'ont aucune voye solide et raisonnable de s'assurer de leurs articles de foi. L'authorité de l'Eglise seule fournit la certitude en matière de foi : cela est si vrai qu'en fait l'authorité est le vrai principe de la créance de tous les Calvinistes français ; mais comme d'autre part ils rejettent en droit et par principe l'authorité de l'Eglise, c'est là un grand « préjugé » qu'ils sont schismatiques. »

Dans le second livre Nicole explique ce que c'est que l'Eglise, selon saint Augustin. « Il n'y a pas que les Justes, comme le prétend M. Claude, qui en soient membres ; elle n'est pas non plus l'amas de toutes les sectes, car Jésus-Christ n'a pas plusieurs épouses. C'est par conséquent sottise pure d'attribuer l'infaillibilité à chacun des Justes pour la refuser aux Conciles Universels.» On voit déjà esquissée dans ces deux premières parties cette doctrine de l'autorité et de l'unité de l'Eglise que Bossuet fera triompher quelques années plus tard de si éclatante manière.

Dans la troisième partie Nicole développe sa définition de l'Eglise. Il énumère, en les justifiant, les marques de la véritable Eglise de Jésus-Christ, visible, catholique, apostolique, et il prouve abondamment qu'aucune de ces marques ne convient à la société des P. R. C'est de la théologie devenue ordinaire et, pour ainsi dire, banale aujourd'hui ; il n'en était pas de même au XVIIe siècle et c'est l'honneur de Nicole d'avoir mis cette argumentation en évidence.

L'ouvrage de Nicole ne fut pas très bien accueilli à Rome : n'avait-il pas eu en effet l'audace, ou la maladresse, d'y faire l'éloge de l'Assemblée de 1682, de la comparer au Concile de Carthage, sous Aurèle ; et par suite de ce parallèle, n'avait-il pas rapproché M. de Harlay qui présidait l'Assemblée, de l'évêque Aurèle, « sans prétendre néanmoins l'égaler à ce saint prélat de Carthage. » A Rome on prit cela pour une plaisanterie de mauvais goût : on n'avait pas tout à fait tort.

*
* *

Les protestants s'en émurent beaucoup : ils sentaient bien que transportée sur ce terrain la discussion devenait dangereuse pour eux. Jurieu qui venait de réduire brutalement au silence le grand Arnauld, se tourna vers l'autre Janséniste, et il publia coup sur coup ses *Préjugez légitimes contre le Papisme,1685* et le *Vrai système de l'Eglise,1686.* Le ministre y modifie encore dans un sens plus large la définition de l'Eglise donnée par Claude. Tout son système consiste à dire que l'Eglise catholique universelle est répandue dans toutes les sectes et qu'elle a de « vrais membres » dans toutes les sociétés qui n'ont pas renversé le fondement de la religion chrétienne, quoiqu'elles soient en désunion les unes avec les autres jusqu'à s'excommunier mutuellement.

On voit par là que Jurieu a la « compréhension »

très large et que malgré sa haine, il n'ose pas exclure du christianisme l'Eglise romaine. Il est obligé d'ailleurs d'avouer que son système est nouveau et que cette théorie de l'Eglise est entièrement contraire à celle de saint Cyprien, de saint Augustin et des autres Pères de l'Eglise.

Nicole entreprit de le réfuter dans son livre de l'*Unité de l'Eglise*, in-12, qu'il publia en 1687, à Paris. Il y fait voir que « ce nouveau système est contraire à toute l'antiquité et que depuis Jésus-Christ jusqu'à nous on a toujours cru que la vraie Eglise était une seule société unique, renfermée dans une seule communion dont les hérétiques et les schismatiques étaient exclus. »

Ce livre, paraît-il, convertit un assez grand nombre de ministres, qui ne pouvaient vraiment suivre Jurieu dans cette nouvelle évolution. L'un d'eux vint même tout exprès rendre visite à Nicole et lui déclarer que « jusques à la lecture de son ouvrage, il avait paru converti à l'extérieur et qu'il était demeuré calviniste intérieurement, mais que ce livre lui avait ouvert les yeux et l'avait entièrement changé ».

Dans une lettre à Nicole, l'abbé de Rancé lui disait : « Il n'y a rien de plus beau et de plus pressant que ce que vous avez fait contre Jurieu, et je ne crois pas qu'il y ose répondre, ni qu'il veuille hasarder de mauvaises raisons contre les preuves si claires et si convainquantes. »

Jurieu répondit, mais ce ne fut pas à Nicole. La parole à ce moment est à Bossuet. L'évêque de Meaux, scrutant le protestantisme jusqu'en ses dernières profondeurs, va publier sa grande *Histoire des Variations*, le plus admirable traité de controverse et d'histoire que l'on connaisse ; il va dans une série d'*Avertissements aux protestants* poursuivre Jurieu, le presser, l'acculer dans ses dernières retraites et le forcer à demander grâce ou à se réfugier, quoiqu'il en ait, en poussant à bout sa doctrine, dans le rationalisme.

Les Jansénistes lui ont préparé les voies ; il s'empare avec la puissance de son génie, de leurs arguments, pour les alléger de leur lourde carapace, des textes qu'ils fournissent pour les mettre en pleine lumière. Quant à eux, ils se retirent désormais à l'écart ; ils admirent ce grand homme qui leur a malgré tout voulu rester fidèle, et ils applaudissent aux coups décisifs qu'il porte à la doctrine calviniste.

****

Au xviiie siècle la controverse languit singulièrement. Le calvinisme français est tellement réduit par les longues épreuves qu'il a endurées qu'il ne paraît plus redoutable. Malheureusement aussi les convictions religieuses s'affaiblissent et l'hérésie n'excite plus assez de colères. D'ailleurs toutes les querelles religieuses paraissent se débattre entre catholiques et contre les Jansénistes. Comme jadis à Byzance, les discussions, quelque sérieux qu'en soit le sujet, deviennent mesquines et la défense de la vérité n'est plus qu'une affaire de parti : on se bat et rudement et longuement, autour de la bulle *Unigenitus* et de la tombe du *Bienheureux* François de Pâris ; la lutte religieuse devient peu à peu politique, et les Parlements s'occupent de poursuivre ou de favoriser ceux qu'on appelle encore Jansénistes bien plus que de faire observer les vieux édits contre les protestants. Le vrai Jansénisme se réfugie de plus en plus au fond des provinces, tout occupé à exaspérer le zèle toujours mécontent de quelques bons vieux curés de l'ancienne roche, ou à torturer la conscience de non moins bonnes vieilles Arsinoës de paroisse : quant aux protestants, il les ignore totalement.

CONCLUSION

Quoi qu'il en soit, au XVIIe siècle, la controverse
janséniste contre les protestants tient une assez grande
place dans l'histoire de l'Eglise ; elle méritait d'être
mise en lumière. Sans doute on peut dire avec leurs
ennemis que les Jansénistes n'avaient pas qualité pour
défendre l'Eglise romaine et qu'ils n'ont pas toujours
exposé très exactement la doctrine catholique ; il y a
çà et là quelques passages où l'*Augustinus* a laissé
son empreinte. Nous ne les avons pas notés : il y en a
trois ou quatre seulement dans la *Petite Perpétuité* à
propos de la grâce, avec des traces de sévérité exagérée un peu partout. Mais dans l'ensemble les Jansénistes font preuve de grande science et de beaucoup
de sincérité.

Qu'on dise, si l'on veut, avec Sainte-Beuve que leur
zèle n'a pas toujours été désintéressé, qu'ils voulaient
avant tout se séparer des protestants, et qu'ils frap-
pèrent parfois d'autant plus fort qu'ils étaient soupçonnés de parenté avec leurs adversaires ; nous l'avons
remarqué nous-même au cours de cette étude et nous
avons regretté quelques exagérations que l'on pourrait
attribuer à cette cause. Mais tel ne fut pas certes le
premier mobile d'Arnauld ou de Nicole ; malgré leur
entêtement et leur aveuglement sur d'autres questions

ils avaient sur l'Eucharistie et les autres sacrements,
sur l'autorité de l'Eglise et sur l'Ecriture sainte la
même foi et les mêmes idées que les catholiques de
leur temps, et ils estimaient trop la vérité pour ne pas
la défendre spontanément et en dehors de toute préoccupation intéressée.

D'ailleurs on ne saurait trop admirer ce respect de
la vérité et cette force de conviction chez ces hommes
du xviie siècle. C'est à cela qu'il faut attribuer un
défaut qui nous choque aujourd'hui, peut-être trop,
dans les livres de controverse écrits par les Jansénistes : ils sont trop longs et trop savants. C'est qu'ils
prétendent ne laisser aucun refuge à l'erreur et la
poursuivent partout laborieusement ; ils jettent à poi-
gnées les textes de Pères et de l'Écriture, et ils les
commentent longuement. On saute plusieurs pages :
il s'agit toujours du même texte. Ils prodiguent les
raisonnements et ils les développent à perte de vue.
On saute plusieurs chapitres ; on n'en est encore qu'à
la mineure. C'est trop lent et trop lourd, mais c'est
honnête

La légèreté de notre siècle s'accommode mal de
cette lenteur, mais en était-il de même au xviie siècle ?
Ces querelles religieuses passionnaient tous les esprits ;
on en sentait l'importance, car on avait la foi et l'on
voulait avant tout assurer son salut éternel. D'autre
part, le journal n'existait pas encore, et ces querelles
n'ayant pas d'exécutoire quotidien, devaient se conden-
ser en d'énormes volumes, d'ailleurs écrits très vite, et
les lecteurs, quelque longue que fût l'attaque avaient

tout le temps nécessaire de la lire avant de recevoir la réponse.

Un défaut plus grave de la controverse janséniste est l'absence de chaleur et même de charité chrétienne; et ce défaut nous paraît d'autant plus sensible aujourd'hui que nous sommes habitués à Bossuet et à son éloquence communicative. Les Jansénistes ont toujours l'air de défendre la vérité dans l'abstrait et contre le seul auteur qu'ils réfutent. Par exemple, contre cet auteur ils s'en donnent à cœur joie; ils l'assomment à coups d'épithètes peu parlementaires. Il est à remarquer que là comme dans leur morale, il n'y a pas de milieu; la doctrine de l'adversaire est toujours impie, abominable, exécrable et l'auteur un menteur fieffé.

Mais ils ne semblent presque jamais s'occuper de la foule des Calvinistes, du menu peuple qu'il faudrait pourtant tâcher de convertir. Ils s'imaginaient sans doute que le ministre converti allait entraîner tout le Consistoire à l'Église catholique; le malheur est que le ministre ne se convertit pas; il était trop humilié, trop abasourdi, il se sent trop méprisé, et il ramène tout son troupeau au prêche calviniste.

Que Bossuet connaissait mieux le cœur humain! Sans doute il réfute les ministres; il accable de ses preuves Claude, Jurieu, Basnage et les autres; mais il sait bien que, malgré ses pressantes objurgations, ceux-là ne se convertiront jamais, et par-dessus leur tête, il s'adresse au peuple, à la foule des Calvinistes. De là ces admirables digressions où il les presse de se convertir ; de là ces superbes envolées d'éloquence où il montre l'Église catholique ouvrant les bras pour recevoir ses fils égarés ; de là ces accents émouvants de tendresse et de charité, ces cris de détresse à la vue de tant d'âmes qui se perdent par la faute des ministres. On feuilletterait en vain tous les immenses in-4° des Jansénistes pour trouver un trait qui rappelle l'éloquence ou même la simple émotion.

Le style aussi, nous l'avons vu souvent, manque trop, et l'esprit et la légèreté et la grâce : c'est là un défaut voulu et cherché à plaisir : ils ont été trop heureux à cette chasse trop facile. Janséniste tant qu'on voudra, ce défaut est plus nuisible qu'utile à la défense de la vérité, mais nous en avons assez parlé à l'occasion.

Malgré tout cependant les Jansénistes ont fait dans la controverse une œuvre considérable, encore que secondaire et d'occasion à leur point de vue. Ils ont blessé le dogme sur certains points, ils ont contribué à fixer et à développer sur d'autres très importants la Théologie catholique. On a dit que cette Théologie, qui est celle de Bossuet, a besoin d'être refondue aujourd'hui et transformée complètement ; nous, nous permettons d'en douter. Qu'on se donne la peine de l'étudier et de l'approfondir, et l'on sera moins affirmatif et l'on rendra pleine justice à ces savants et patients ouvriers.

M. VIALART

ÉVÊQUE DE CHALONS

ET LA PAIX CLÉMENTINE

M. VIALART, ÉVÊQUE DE CHALONS

et la *Paix Clémentine*

———

Le 16 septembre 1668, Louis XIV recevant en audience publique M. de Gondrin, archevêque de Sens,
et M. Vialart, évêque de Châlons, les deux médiateurs
au moins officieux de la *Paix Clémentine*, leur dit
avec une certaine solennité et assez haut pour être
entendu de tous les courtisans présents : « Messieurs,
vous aurez une grande gloire de cet accommodement.»
Quelques années plus tard, en juillet 1677, M. Vialart reçut d'Innocent XI un Bref très élogieux ; le
Pape le louait entre autres choses de son « zèle pour
le rétablissement de la discipline ecclésiastique et pour
l'affermissement de la paix de l'Eglise »; il espère
« avec la plus entière confiance » que « le crédit et
l'autorité » que « sa grande vertu lui a acquis ser-
viront beaucoup à procurer la perfection de ces deux
ouvrages ; vu principalement, dit-il en terminant, que
jusqu'à présent il a fait voir par sa conduite qu'il n'est
attaché à aucun parti et qu'il n'a en vue que la gloire
de Dieu et de faire rendre aux Constitutions du Saint-
Siège le respect qui leur est dû... »

Or, il semble que l'histoire, jusqu'ici du moins, n'a pas encore ratifié de tout point ces éloges adressés à l'évêque de Châlons et que Louis XIV pour cette fois n'a pas été bon prophète.

Il est vrai que l'histoire impartiale du Jansénisme est encore à écrire; dans les innombrables écrits composés autour de ce sujet, il s'est mêlé tant de passions et d'intérêts contraires, avoués ou dissimulés, que le départ y est très difficile à faire du vrai et du faux, de la médisance et de la calomnie.

On pouvait croire que, les intéressés disparus et l'hérésie anéantie, les passions allaient s'évanouir elles aussi, et que notre siècle si sceptique, considérant froidement et de haut ces choses vieillies, porterait sur elles un jugement impartial et désintéressé, définitif par conséquent.

Il n'en est rien cependant; après plus de deux cents ans la plume tremble encore d'une indignation rétrospective entre les doigts d'écrivains catholiques, d'ailleurs estimables; les discussions du jour la font broncher, et sous cette influence malsaine elle écrit des jugements fort inexacts sur les hommes d'antan.

D'autres encore ne se donnent pas la peine de recourir aux sources ; ils acceptent sur les personnes et les choses les jugements tout faits, ils les transmettent tels quels à la génération suivante, et c'est ainsi que des hommes mêlés de gré ou de force aux luttes politiques ou religieuses de leur temps traversent les siècles, portant au front le même stigmate de réprobation.

M. Vialart fut sans contredit une de ces victimes des passions humaines ou de la légèreté des historiens ; il attend encore que l'histoire lui rende justice et lui accorde la gloire à lui prédite par Louis XIV.

M. Léon Aubineau par exemple, en donnant au public les trop intéressants Mémoires du P. Rapin, épouse trop vite les querelles du bon Père et accepte les yeux fermés toutes les anecdotes qu'il raconte. Aussi traite-t-il de « tarés » les évêques favorables au Jansénisme, M. Vialart comme les autres sans doute ; c'est un bien gros mot pour un prélat que Louis XIV, qui se connaissait certes en hommes, proposait comme modèle aux évêques de France (1).

(1) On connaît cette anecdote : elle est très intéressante, parce qu'elle peint bien toute une époque et tout un régime « M. Vialart allait quelquefois chez le roi, mais rarement, et seulement quand quelque affaire importante l'y appelait. M. de la Feuillade, évêque de Metz, le pria un jour d'y venir avec lui. Il s'en excusa sous prétexte qu'il n'avait rien à dire à Sa Majesté. M. de Metz lui fit tant d'instances, qu'il se rendit pour ne pas le désobliger. Comme ils étaient ensemble dans les appartements avec environ trente Evêques, le Roi sortant pour aller à la Messe, apperçut M. Vialart, l'appela, et le fit entrer dans son appartement, où il eut l'honneur de demeurer avec le Roi un quart d'heure. Ils sortirent ensemble, et Sa Majesté voyant cette multitude d'Evêques qui était dans la Salle des Audiences, leur dit à voix haute, en leur montrant Monsieur Vialart : « Imitez M. de Châlons, Messieurs, demeurez dans vos Diocèses, et travaillez-y comme lui, au lieu d'être si souvent, et si longtemps ici à perdre votre temps, et je vous en estimerai davantage. » Et le Roi entra dans sa chapelle... » *Vie de Messire Félix Vialart de Herse, évêque et comte de Châlons en Champagne, Pair de*

Il y a plus ; dans son *Histoire de la Vie et des Œuvres de Bossuet*, trop sévère d'ailleurs, disons le mot, injuste pour le grand évêque et toute remplie d'imprécations contre les Gallicans... du xviie siècle, M. Réaume représente sans hésiter un instant M. Vialart comme un « homme souple, intrigant, de conscience facile » (1). C'est bientôt dit mais pour être sommaire et à l'emporte-pièce, l'appréciation n'en est pas moins fausse et injuste.

Sans doute la conclusion de la Paix Clémentine en novembre 1668 fut pour les adversaires des Jansénistes un coup aussi rude qu'inattendu ; elle déchaîna bien des colères contre les prélats qui avaient conduit secrètement les négociations, et ces colères naturellement rendirent impossible la saine appréciation des faits.

Mais aujourd'hui que grâce à Dieu toutes ces passions sont calmées, il appartient à l'histoire d'examiner avec impartialité les événements, de se rendre un compte exact de l'état d'esprit des personnages et de les apprécier, non pas avec les préjugés de notre époque, non pas même d'après la vérité absolue enfin conquise, mais en tenant grand compte de leurs habitudes d'esprit, de leur éducation et des circonstances où ils se trouvaient.

France. A Utrecht. Aux Dépens de la Compagnie, 1738. — Très janséniste par conséquent, et qui a fait grand tort dans la suite à la réputation d'orthodoxie de M. Vialart. Nous ne nous en servirons qu'avec beaucoup de précautions.

(1) Tome i, chap. xiv, p. 363.

Ce sont là, croyons-nous, des règles dictées par le simple bon sens ; et sous le bénéfice de ces réflexions, nous allons examiner ce qu'il faut penser de M. Vialart et de sa conduite dans les négociations qui ont abouti à la *Paix de l'Eglise*.

CHAPITRE PREMIER

Principaux moments de l'histoire du Jansénisme jusqu'en 1667,
et comment M. Vialart y fut mêlé.

Pour préciser la question, il semble bon de résumer
tout d'abord l'histoire du Jansénisme avant l'année
1668 et de constater tout en allant jusqu'à quel point
M. Vialart y fut mêlé.

On se battait déjà depuis dix ans, mais assez mollement, autour de l'AUGUSTINUS et du livre de la *Fréquente Communion*, d'Arnauld, quand Nicolas Cornet,
syndic de la Faculté de Théologie, réduisit toute la
doctrine de Jansénius à cinq Propositions. Il les
avait tirées, non pas de l'*Augustinus* lui-même (une
seule, la première, s'y trouve textuellement), mais des
thèses de jeunes candidats qu'il était chargé d'examiner : la jeunesse, comme il arrive toujours d'ailleurs, se jetait avec enthousiasme dans ces nouveautés.

La lutte désormais se concentra autour de ces cinq
Propositions. Elle fut ardente et impitoyable ; c'était
en 1648 : un vent de révolte et de sédition passait
alors sur la France. La Révolution d'Angleterre faisait tourner toutes les têtes de ce côté-ci du détroit ; la
Fronde Parlementaire et celle des Princes allait troubler la France pendant plus de trois ans. La Fronde
religieuse fut plus difficile à vaincre et ce ne sera pas
trop de la toute-puissance de Louis XIV pour y parvenir.

Les partisans de Jansénius, et ils étaient déjà nombreux, protestent violemment contre l'*Entreprise faite par M. Cornet*, c'est le titre même d'un ouvrage d'Arnauld. La Sorbonne, en partie gagnée au Jansénisme, surseoit à l'examen des Propositions. L'assemblée du Clergé tenue en mars 1650 soumet « cette cause majeure au Saint-Siège apostolique » et demande au Pape Innocent X de « noter chaque proposition d'une censure spéciale » ; quatre-vingt-huit évêques signent cette lettre.

Une lettre de protestation est signée par onze autres prélats. M. Vialart était un de ces onze. Il avait même le 22 février 1651 fait une démarche auprès du Nonce pour lui faire observer « qu'il était important de ne point précipiter le jugement de cette affaire, d'entendre les parties et de distinguer le sens des Propositions. » C'est dans ce sens que les onze évêques demandent au Pape « de suivre la coutume observée dans l'Eglise gallicane... » et qu'ils le conjurent d'ailleurs en termes assez impératifs « ou de permettre que cette dispute si importante, qui dure depuis plusieurs siècles sans que l'unité catholique en ait été altérée, continue encore un peu de temps ; ou de décider toutes ces questions en y observant les formes légitimes des jugements ecclésiastiques... »

Les envoyés des deux partis discutent vivement à Rome ; les cinq Propositions sont examinées par les Cardinaux pendant près de cinquante séances, dont dix présidées par le Pape en personne ; et elles finissent

par être notées d'hérésie par la Bulle *Cum occasione,*
31 mai 1653.

Cette condamnation fut d'abord acceptée par tous ;
par un Mandement en date du 9 avril 1653, avant
même la publication de la Bulle, M. Vialart enjoignit
à tous ses Curés et aux Supérieurs des maisons religieuses « d'empêcher que les Prédicateurs ne trai-
tassent dans leurs sermons aucune matière conten-
tieuse ». Mais bientôt les solitaires de Port-Royal se
ressaisissent et ils commencent cette longue et agaçante
campagne de distinctions et de réticences qui troubla
l'Eglise pendant plus d'un siècle. Ils prétendent tout
d'abord que le Pape a condamné les cinq Propositions
dans le sens hérétique de Calvin et que l'*Augustinus*
contient la pure doctrine de saint Augustin ; mais le
texte de la Bulle était trop clair et trop formel, ils se
mirent alors à trouver que « le Pape n'entendait pas les
termes de la matière dont il s'agit » et autres gentil-
lesses semblables.

L'assemblée du Clergé approuve le 26 mars 1654 un
très long rapport où il est parfaitement démontré que
les cinq Propositions résument bien la doctrine de
Jansénius et qu'elles sont condamnées au sens où les
entendait Jansénius, quoi qu'en dise l'*Ecrit à trois
colonnes ou la Distinction des gens* d'Antoine Arnauld.

C'est alors, en 1655, qu'Arnauld, acculé en une
véritable impasse, essaie d'en sortir par sa fameuse
distinction du Fait et du Droit (*seconde Lettre de
M. Arnauld, docteur de Sorbonne, à un duc et pair*).
Les cinq Propositions, dit-il, n'ont jamais été soutenues

de personne... ; ayant lu avec soin le livre de Jansénius
et n'y ayant pas trouvé ces Propositions, Arnauld et ses
amis ne peuvent déclarer contre leur conscience
qu'elles s'y trouvent.

Arnauld, naturellement, est déféré au jugement de
ses confrères en Sorbonne ; après de nombreuses
séances fort tumultueuses et beaucoup de disputes
très vives, il est condamné, 3 janvier 1656, avec
soixante-deux autres docteurs, et « absolument chassé
de la Faculté de Théologie ». M. Vialart, très lié dès
cette époque avec Port-Royal, refusa de souscrire
la censure contre Arnauld, et fut exclu, lui aussi, de
la Sorbonne.

Arnauld se défend à coups de lourds traités ; Pascal,
qui a l'esprit plus délié, lance dans la lutte ses dix-huit
Provinciales, comme autant de flèches aiguës qui vont
au but ; les rieurs et le public léger sont du côté janséniste.

Alexandre VII renouvelle alors la condamnation portée par Innocent X, son prédécesseur ; il appelle « per-
turbateurs du repos public et enfants d'iniquité ceux
qui ont l'audace de soutenir au grand scandale des
fidèles que les Propositions ne se trouvent point dans
le livre de Jansénius... » et il joint à sa Bulle un formulaire à signer : « ... Je reconnais que je suis obligé
en conscience d'obéir à ces constitutions (d'Innocent X et d'Alexandre VII) et je condamne de cœur
et de bouche la doctrine des cinq Propositions de
Cornélius Jansénius, contenues en son livre intitulé
Augustinus... » L'assemblée du Clergé, en 1657, adopte

ce texte et décide que chaque évêque devra, dans l'espace d'un mois, le faire souscrire dans son diocèse ; c'est autour de ce fameux formulaire que les Jansénistes vont désormais organiser la résistance.

****

Arnauld publie, 17 mars 1657, son célèbre *Cas proposé par un docteur touchant la signature de la Constitution d'Alexandre VII et le Formulaire du Clergé*. Les cinq Propositions sont hérétiques, c'est entendu, dit-il en substance ; mais si je ne vois pas qu'elles soient dans l'*Augustinus*, les Bulles des Papes et les Déclarations du Clergé peuvent-elles me forcer de le croire ? Non ! Suis-je obligé, par conséquent, de signer le Formulaire contre mon sentiment et ma conscience ? Non ! Dois-je me taire et garder un silence respectueux ? Non encore, car les ennemis de la grâce pourraient triompher de ce silence...

La question est enfin précisée et le débat singulièrement élargi ; il s'agit de l'infaillibilité de l'Eglise dans la décision des faits liés au dogme. La question n'était pas nouvelle, mais elle n'avait pas encore été débattue publiquement, pour ainsi dire, et par des théologiens intéressés à la trancher dans un sens ou dans l'autre. Le dogme n'était pas encore fixé sur ce point, et si l'on songe, en outre, que l'éducation gallicane sévissait presque partout en France, on s'expliquera très bien, non pas la résistance obstinée de certains Jansénistes, mais les hésitations et les angoisses de conscience d'un certain nombre d'évêques, de celui. de Châlons en particulier. Chaque hérésie, dans les desseins de la Providence, fournit à l'Eglise l'occasion de préciser la doctrine dont elle a le dépôt et si, depuis les disputes du Jansénisme, il n'est plus permis à un catholique de bonne foi d'ignorer ce qu'il doit croire au sujet de la Grâce et de l'infaillibilité de l'Eglise, il ne faut pas oublier qu'il n'en était pas de même en 1657.

M. Pavillon, évêque d'Alet, consulté par Arnauld, lui répond que l'on doit signer le Formulaire « non seulement pour la paix de l'Eglise, mais par devoir de conscience ». On ne pouvait alors guère soupçonner en lui l'obstiné Janséniste que M. Vialart aura plus tard tant de peine à faire signer.

Arnauld alors croit faire une grande concession, et invente la fameuse théorie du « silence respectueux » avec lequel on doit recevoir les décisions du Pape dans les questions de fait. Quoique réprouvée par plusieurs assemblées du Clergé, cette théorie ne laissa pas de faire son chemin et de recruter des sympathies au Jansénisme.

Les vicaires généraux qui administraient le diocèse de Paris au nom du cardinal de Retz publièrent le 8 juin 1661 une Ordonnance où ils ne demandaient « pour le fait de Jansénius qu'un respect entier et sincère». M. Vialart, toujours ami des tempéraments, s'était empressé de les imiter, et désireux d'éclairer sa conscience il avait consulté à ce sujet M. Pavillon.

Celui-ci tout au rebours de ce qu'il avait répondu à Arnauld quelque temps auparavant, déclara que l'Assemblée du clergé n'avait pas qualité pour traiter les questions théologiques, ce qui était assez vrai, et qu'il n'y avait pas lieu de faire signer le Formulaire. M. Vialart en homme de bon sens et docile à l'Eglise, aima mieux écouter la voix du Pape que les conseils de l'Evêque d'Alet, et le 2 septembre 1662 il publiait un Mandement par lequel il ordonnait la signature du Formulaire dans son diocèse.

Entre temps Nicole commence la publication des *Imaginaires;* ces lettres ont moins de valeur littéraire que les *Provinciales ;* elles firent plus cependant pour la cause janséniste. La Sorbonne, les Assemblées du clergé multiplient les condamnations. Un Edit royal dn 15 avril 1664 enregistré au Parlement rend obligatoire la signature du Formulaire par tous les bénéficiers.

Mais voilà que le 7 juin suivant, ce bon M. Hardouin de Péréfixe, archevêque de Paris, voulant ménager à la fois la chèvre janséniste et le chou orthodoxe, publie un Mandement où il déclare « qu'à moins d'être malicieux ou ignorant (ce qui était peut-être un peu son fait) on ne peut prendre sujet des Constitutions des Papes et du Formulaire pour dire qu'ils désirent une soumission de foi divine quant à ce qui regarde le fait, n'exigeant réellement pour ce regard qu'une *foi humaine et ecclésiastique* qui oblige à soumettre avec sincérité son jugement à celui des supérieurs légitimes. »

Cette concession qui remettait imprudemment tout en question ne fut naturellement du goût de personne; elle compromettait singulièrement la doctrine catholique ; elle donnait beau jeu aux Jansénistes qui s'en moquèrent dans de nombreuses répliques et qui prônèrent de plus belle leur théorie du silence respectueux. M. de Péréfixe acheva de mettre les rieurs de l'autre côté par ses diverses expéditions contre le monastère et les religieuses de Port-Royal. Bossuet lui-même y échoua, comme on sait ; tant il est vrai que l'entêtement et l'étroitesse d'esprit sont souvent plus forts que le talent et le génie même.

L'Evêque d'Alet s'obstinait de plus en plus dans son refus de signer le Formulaire, et le 1er juin 1365 il publiait un mandement déclarant « que quand l'Eglise juge si des propositions ou des sens hérétiques sont contenus dans un livre et si un auteur a eu tel ou tel sens, elle n'agit que par une lumière humaine... » Trois autres évêques, ceux de Pamiers, d'Angers et de Beauvais, publient des Mandements identiques. Tous les quatre sont condamnés ; les partisans du *silence respectueux* se remettent alors à crier comme de beaux diables. Ils en appellent au principe de l'Eglise gallicane, à la raison humaine blessée en son fond, à la liberté de l'esprit enchaînée par ce dogme nouveau. Ils confondent artificieusement les faits personnels sur lesquels l'Eglise peut être surprise, avec les faits dogmatiques dont elle juge d'une manière infaillible. Il faut avouer que ni le silence, ni le respect, ni la franchise n'étaient guère dans les habitudes de ces messieurs.

Tout ce bruit cependant et toute cette agitation ne laisssaient pas d'être utiles à leur parti. Louis XIV

avait demandé au Pape de nommer une Commission
pour juger les quatre évêques rebelles, et cette Commission s'organisait très péniblement. Le Pape ne
communiquait qu'à contre-cœur et que par condescen-
dance pour Louis XIV ses droits de juge dans une
affaire aussi grave. Les Gallicans d'autre part protes-
taient et prétendaient que les Evêques français ne
pouvaient être jugés que par leurs pairs et non par
le Pape ; aussi plusieurs évêques désignés par le Saint-
Siège n'acceptèrent pas la commission. Il est très probable que M. Vialart les approuva fort dès ce moment, car il pensait comme Colbert et tous les Gallicans que « l'affaire était mal enfournée ».

CHAPITRE II

Avènement de Clément IX. — M. Vialart agit plus activement. — Lettre des dix-neuf évêques au Pape. — Circulaire des quatre rebelles aux évêques de France.

Sur ces entrefaites le Pape Alexandre VII mourut et il fut remplacé en juillet 1667 par le cardinal Rospigliosi qui prit le nom de Clément IX ; les Jansénistes tout d'abord firent croire que le nouveau Pape était tout disposé à la conciliation, de fait il attendit quatre longs mois avant de confirmer par un Bref la Commission des neuf évêques, et il allait envoyer comme Nonce en France Bargellini, archevêque de Thèbes, avec mission de terminer à tout prix cette affaire du Jansénisme. On croyait d'ailleurs à Rome que le parti était très puissant, que la plupart des évêques étaient gagnés à la cause de leurs quatre confrères et que condamner ceux-ci était s'exposer à des troubles très grands.

Cette crainte était évidemment exagérée ; sans doute, comme le dit le cardinal Rospigliosi, neveu du Pape, dans la très exacte et très impartiale *Relation* qu'il fit de toutes ces négociations, sans doute les Jansénistes avaient la faveur des ministres et la protection de quelques princesses du sang ; mais ils avaient contre eux les Parlements, une très grande partie du clergé tant séculier que régulier et la majorité des docteurs de Sorbonne. Ce furent les préjugés gallicans qui rendirent impossible la condamnation des quatre évêques par la voie dans laquelle on s'était engagé.

Jusqu'ici M. Vialart, malgré ses préférences personnelles, malgré son amitié bien connue pour les chefs jansénistes, ne s'était occupé qu'incidemment de toutes ces disputes. Il s'était donné tout entier à son diocèse, et depuis plus de vingt-cinq ans qu'il le gouvernait, il l'avait tout transformé : il avait fondé un Séminaire pour les jeunes clercs et des écoles pour la jeunesse, établi les Conférences ecclésiastiques et les Synodes diocésains à époques fixes, publié un Catéchisme et de nombreux Mandements sur divers points de discipline, organisé des Missions dans tout le diocèse..., et comme aux préceptes il joignait l'exemple des vertus les plus sévères, il était en grande vénération non seulement dans son diocèse mais même par toute la France.

Il avait, il est vrai, mieux aimé demeurer exclu de la Sorbonne, comme nous l'avons vu, que de souscrire à la condamnation d'Arnauld ; mais la même année 1656, il avait bel et bien signé tous les actes de l'Assemblée du clergé, et en particulier la lettre collective à Alexandre VII où la distinction du fait et du droit et toutes les arguties des Jansénistes sont formellement condamnées. Il avait par un mandement en date du 2 septembre 1662, publié sans restriction la bulle d'Alexandre VII et ordonné la signature du formulaire dans son diocèse, autant de « faiblesses » que lui reproche amèrement son biographe janséniste du dix-huitième siècle.

Il y a cependant chez lui une sorte d'hésitation et de contrainte ; on sent qu'au fond sa conviction n'est pas faite et que, si l'obéissance due à l'Eglise ne demandait pas autre chose, il se contenterait volontiers du silence respectueux ; son gallicanisme d'ailleurs est franchement révolté. Cet état d'esprit explique très bien toute sa conduite dans les négociations où nous allons le suivre.

Le premier acte où nous le trouvons mêlé directement est cette fameuse Lettre au pape, datée du 1er décembre 1667 et signée de dix-neuf évêques. Il paraît que la pensée en vint tout d'abord à M. de Gondrin, archevêque de Sens : « M. de Châlons qui désirait la paix avec une vive ardeur, dit son biographe (1), alla en conférer avec M. de Ligni, évêque de Meaux, son parent, qui était alors à Germigni, maison de campagne des évêques de Meaux. M. de Ligni qui avait les mêmes vues, lui fit part du dessein qu'avait conçu M. de Gondrin d'écrire au nouveau Pape une lettre commune en faveur des quatre évêques, et d'engager le plus qu'il pourrait d'évêques à la signer. M. de Châlons approuva ce dessein et bénit Dieu de ce qu'il l'avait inspiré à M. l'archevêque de Sens. Il ajouta seulement qu'il convenait aussi d'en informer le Roy, et il se chargea de dresser des projets de lettre. M. de Sens en fit aussi quelques-uns de concert avec

(1) *Vie de messire Félix Vialart*, p. 176.

lui, et l'un et l'autre communiquèrent ce qu'ils avaient fait à plusieurs autres évêques et à des théologiens, afin de ne rien dire qui ne pût accélérer la paix qu'ils désiraient. »

Evidemment ces « théologiens » n'étaient autres que Nicole et Arnauld, alors cachés à Paris, dans l'hôtel de la duchesse de Longueville. Fénelon prétend même (1) que la lettre fut tout entière écrite par Nicole. Nous le croirions volontiers, car elle est d'un style tout autre que celui de M. Vialart ; la netteté et la précision des expressions théologiques, l'affirmation hardie de l'erreur, l'habileté même de certaines phrases destinées évidemment à compromettre le plus possible les évêques signataires, tout révèle un écrivain rompu, comme l'était Nicole, au style de la controverse et de la théologie, et aussi un sectaire obstiné, ce que n'était pas M. Vialart. Nous croirons donc difficilement son biographe quand il prétend faire la part de chacun et nous dit que « M. de Sens releva avec beaucoup de solidité les injustices et les nullités des brefs de Rome. M. de Châlons traita l'affaire au fond : il justifia pleinement la doctrine des Mandements des quatre évêques. »

Quoi qu'il en soit, la lettre rédigée, M. Vialart en assuma la responsabilité ; il se chargea de la faire signer par les évêques. La lettre par ses soins, portée confidentiellement de diocèse en diocèse, fut bientôt revêtue de dix-neuf signatures ; vingt autres évêques,

___

(1) OEuvres de Fénelon, tome XIII, p. 602.

sans avoir voulu signer, promettaient, disait-on, leurs
sympathies et leur appui à l'occasion.

Nous ne reproduirons pas cette lettre, elle est trop
connue. Il suffit de rappeler qu'elle est composée de
façon très méthodique et que l'audace de la discussion y est poussée très loin. Après quelques flatteries
à l'adresse du nouveau Pape, elle fait sans restriction
l'éloge des quatre évêques dont « l'éminente vertu
oblige leurs ennemis mêmes de reconnaître qu'ils
sont un des plus grands ornements de notre Ordre. »
Il n'y a dans leurs mandements « rien qui s'éloigne
tant soit peu ou de la règle de la doctrine catholique
ou de la révérence qui est due à la chaire de saint
Pierre. » Ils ont simplement contredit « un dogme
nouveau et inouï » et prétendu que « l'Eglise ne définit
point avec une certitude entière et infaillible les faits
humains que Dieu n'a point révélés, comme l'ont sou-
tenu Baronius, Bellarmin, Pallavicini et tant d'autres »;
et d'ailleurs « si c'était un crime d'être dans ce sentiment, ce ne serait pas leur erreur particulière, ce
serait celui de nous tous, ou plutôt celui de l'Eglise ».
Enfin, fussent-ils coupables, « tout l'épiscopat français
attend qu'ils soient jugés selon les canons, et non
d'une manière nouvelle et contraire à nos usages,
comme quelques-uns en font imprudemment courir
le bruit. »

Ainsi tout était remis en question, et la lettre ne
tenait aucun compte des constitutions d'Innocent X et
d'Alexandre VII. M. Vialart l'expédia cependant à
Rome ; il l'adressa au cardinal Azzolin à qui il écrivit

en particulier pour le presser d'appuyer auprès du Pape la demande des dix-neuf évêques. Il lui faisait entendre « qu'il ne pouvait rendre dans les circonstances où l'on était un plus grand service à toute l'Église et à celle de France en particulier, et favoriser davantage les véritables intérêts du Pape. » Cette seconde lettre est certainement de M. Vialart, et elle révèle tant de candeur, de naïveté même que la critique est désarmée et qu'on ne saurait douter de la bonne foi de l'évêque.

Il est peu probable que le cardinal Azzolin goûta fort ces considérations, mais nous savons par la *Relation* de Rospigliosi qu'à Rome on fut effrayé de l'état d'esprit de l'Épiscopat français et que dès lors, pour arrêter les progrès trop évidents du Jansénisme, on résolut de presser les négociations pour la paix.

En France, on fut plus irrité qu'effrayé, M. Vialart ou plus probablement Nicole, avait rédigé une lettre au Roi, où il était dit entre autres choses que le crime des quatre évêques était d'avoir parlé comme l'Église s'est expliquée dans tous les siècles, et de s'être opposés à une doctrine également nouvelle et pernicieuse, contraire à tous les principes de la religion, aux intérêts de Sa Majesté et à la sûreté de son État... »

Elle était signée également des dix-neuf évêques, mais le roi refusa de la recevoir et « il envoya à M. de Châlons un commis de M. le chancelier pour déclarer à ce prélat que son intention était qu'il empêchât que la lettre qui lui était destinée ne lui fût présentée (1) ».

(1) Vie de Messire Félix Vialart, p. 180.

En même temps, 19 mars 1668, le Parlement suppri-
ma la lettre des dix-neuf évêques, défendit « tous
écrits semblables » et informa contre les « cabales
et assemblées illicites ».

M. Vialart était le plus ancien des dix-neuf signataires de la lettre ainsi condamnée ; le 3 avril (1), et
non pas le 24 mai comme l'indique faussement Dumas (2) et beaucoup d'historiens après lui, il écrivit
au procureur général du Parlement une lettre de protes
tation, et chose à remarquer, comme il parle en son
nom cette fois, il laisse de côté toute discussion
dogmatique, il ne dit rien de la distinction du fait et
du droit et ne défend pas de ce chef la lettre des dix-
neuf évêques.

Après avoir dit que le Bref de Clément IX contient
des « clauses extraordinaires pour faire le procès à
quatre évêques non seulement contre les lois canoniques
mais au préjudice même de l'équité naturelle», il déclare
que « luy et ses collègues se seraient cru indignes du
caractère qu'ils tenaient de Jésus-Christ, s'ils ne se
fussent opposez à l'exécution de ce Bref ; que cette
cabale imaginaire dont il est parlé dans l'arrest n'avait
eu nulle part à leur lettre ; qu'il n'y estait entré qu'un
seul ecclésiastique de son diocèse, de qui ces évêques
s'étaient servis pour faciliter quelquefois entre eux
la communication mutuelle de leurs pensées qu'ils
avaient sur ce dessein, et des mesures qu'ils y ont
prises. »

(1) Vie de Messire Félix Viallart, p. 182.
(2) Dumas. Histoire des cinq propositions, p. 376.

Il est bien évident qu'au point où en sont les choses à cette époque, ce qui le préoccupe, c'est moins la question dogmatique que la violation des soi-disant privilèges de l'Eglise gallicane. La question du fait de Jansénius, il l'abandonnerait volontiers au Pape, qui en somme, même pour les gallicans, est le juge suprême des controverses ; mais que ce même Pape établisse un tribunal en pleine France pour juger des évêques, de mémoire de gallican, cela ne s'est jamais vu ; on ne saurait tolérer pareil scandale.

Dans sa lettre d'ailleurs, M. Vialart ne faisait qu'indiquer, en termes très adoucis, ce que les quatre évêques rebelles devaient écrire, quelques semaines plus tard, dans leur fameuse Circulaire du 25 avril. Cette longue lettre, adressée à tous les évêques, discutait avec beaucoup d'érudition et refusait avec dureté au Pape le droit de juger les évêques de France en la forme prescrite par le Bref.

Un des exemples les plus curieux qu'ils apportaient à l'appui de ces prétentions gallicanes est précisément la procédure que l'on avait suivie jadis, en 1315, contre un des prédécesseurs de M. Vialart, sur le siège épiscopal de Châlons. Pierre de Latilli était accusé « d'avoir eu part à la mort de Philippe le Bel par empoisonnement et à celle de l'évêque de Châlons, son prédécesseur (Jean Ier de Châteauvillain). L'archevêque de Reims assembla à Senlis les évêques de sa province et d'autres provinces encore, pour faire le nombre nécessairement requis selon les Constitutions canoniques. » Mais le nombre ne s'étant pas trouvé complet à cause de l'absence et des empêchements canoniques de quelques-uns de ceux qui avaient été appelés, on dut faire une nouvelle convocation d'un plus grand nombre de prélats, afin que le nombre nécessaire ne pût manquer de s'y trouver. Et cela, ajoute la Lettre circulaire, se faisait par l'archevêque de Reims et par le Concile qu'il avait assemblé, et était autorisé par le Roy Louis Hutin, sans que le Pape y intervînt (1). »

Toute cette Lettre n'était, en somme, qu'un long et violent réquisitoire contre Rome. On voit que les Jansénistes ont résolu, dès lors, de se servir des préjugés gallicans et de mettre en garde le gouvernement de Louis XIV contre ce qu'ils appelaient les empiétements du Saint-Siège. Leur tactique ne manquait pas d'habileté, mais elle ne réussit qu'à moitié, car véritablement ils avaient mis à l'employer trop de violence. Par un arrêt du Conseil d'Etat, rendu le 4 juillet, le roi présent, il fut ordonné que la Lettre circulaire des quatre évêques serait supprimée, « avec défense à tous, archevêques et évêques, d'y avoir égard ».

(1) Il convient d'ajouter, d'ailleurs, que Pierre de Latilli fut reconnu innocent, et réintégré dans ses fonctions épiscopales qu'il exerça jusqu'en 1327.

CHAPITRE III

M. Vialart à Paris. — Il est chargé de la négociation avec M. de
Gondrin. — Singulière mission des deux prélats. — Personnages
en scène. — Portrait de M. Pavillon. — Le siège d'Alet.

M. Vialart avait été plus sage et plus habile dans sa
modération. Cinq jours après avoir expédié sa lettre
de protestation, c'est-à-dire au commencement d'avril,
il partit pour Paris. Il devait y rester de longs mois.
C'est la seule fois durant son long épiscopat qu'il n'ob-
serva pas la résidence, et cela quand son église Cathédrale venait d'être en partie détruite par un incendie (1).
Il fallait, certes, que les circonstances fussent très
graves et qu'un motif d'ordre supérieur fît taire les
scrupules de sa conscience.

(1) Le 19 janvier 1668, le tonnerre tomba sur l'église de
Châlons, et y mit le feu. Le prélat était au Séminaire lorsqu'il apprit cet accident : « *Qu'on sauve l'église*, dit-il avec
vivacité, *et qu'on laisse brûler l'évêché, ce sont nos péchés
qui ont attiré ce malheur.* » On fit tout ce qu'on put pour
suivre ses ordres avec exactitude ; mais le feu fut si violent
qu'il réduisit en cendres la charpente et la couverture,
ruina la flèche du clocher qui était fort haute, fondit toutes
les cloches, enfonça la voûte et brisa le jeu d'orgues qui
était dessous. M. Vialart adora en tremblant la main de
Dieu qui le frappait ; il attribua à ses propres fautes ce
triste événement : mais il tâcha de réparer tout le dom-
mage que sa Cathédrale avait souffert. Il vendit, dans cette
vue, plusieurs maisons considérables qu'il possédait dans
la rue Dauphine, à Paris, et dont il tirait un grand revenu,
etc... » *Vie de M. Félix Vialart*, p. 168.

Il fut reçu en audience par le Roi et il s'expliqua devant lui avec hardiesse sur les motifs que ses collègues et lui avaient eus d'écrire la Lettre au Pape. Il lui fit entendre, paraît-il, qu'il était de sa gloire et de son amour pour la religion, d'écouter sans prévention ce que tous les évêques avaient à lui représenter. Ce qu'il y a de certain, c'est que le roi qui avait pour lui, nous le savons, beaucoup d'estime, lui laissa entrevoir que sa franchise ne lui déplaisait pas, et qu'il le renvoya, pour discuter le fond, au ministre Le Tellier.

Celui-ci, qui aimait beaucoup à s'occuper des affaires de l'Eglise... gallicane, fut très flatté de cette marque de confiance de son maître ; il était comme beaucoup d'autres alors fatigué de toutes ces disputes et il inclinait à la transaction. Il ne lui déplaisait pas, d'ailleurs, de jouer quelque bon tour à la Commission nommée par le Pape. Il eut avec M. Vialart de longs entretiens, et enfin il conseilla à l'évêque de trouver quelque moyen d'accommoder l'affaire des quatre évêques.

Tout heureux de cette mission au moins officieuse qui lui était confiée, M. Vialart s'adjoignit, pour s'en mieux acquitter, l'archevêque de Sens, M. de Gondrin, que nous avons déjà rencontré au cours de cette étude.

C'est une singulière figure d'évêque, au XVIIe siècle, que ce M. de Gondrin. Il avait eu une jeunesse dissipée et même, s'il faut en croire le cardinal de Retz, assez scandaleuse (1). Mais il s'était fort assagi, quoi

(1) C'est de M. de Gondrin, en effet, que Retz entend parler dans ses *Mémoires* quand il dit : « Le dérèglement des

qu'en disent Sainte-Beuve (*Port-Royal*, tome iv) et le
P. Rapin, dans ses *Mémoires* qui, d'ailleurs, abondent
en anecdotes aussi peu authentiques qu'elles sont
défavorables à cet évêque Janséniste. Il était devenu
très sévère en matière de mœurs dans son diocèse ;
mais si, comme on l'a dit, il faisait pleurer ses péchés
aux autres, il ne se dérobait pas lui-même à la pénitence. Au reste, prélat de qualité, de grand air, autorisé en Cour, car il était l'oncle de Mme de Montespan,
ayant l'oreille du roi et des ministres, il était venu au
Jansénisme par goût de l'esprit plus encore peut-être
que par piété : « Il avait beaucoup d'esprit et parlait
extrêmement bien, dit Gourville en ses *Mémoires*, mais
à mon avis, un peu trop. »

Il entra de grand cœur dans les vues de M. Vialart,
car il jugeait à peu près comme lui la situation actuelle
du Jansénisme. Il avait signé les différents Formu-
laires d'Innocent X et d'Alexandre VII, mais il les
regardait un peu comme l'expression de la pensée personnelle de ces deux Papes, et il espérait bien que
Clément IX, plus conciliant, y apporterait quelque
adoucissement. D'ailleurs, habitué de jeunesse aux
intrigues politiques, très actif et moins scrupuleux que
M. Vialart, il prit bientôt une part assez grande à la
direction de l'affaire, et il contribua beaucoup à la
mener rapidement à bonne fin.

Elle était d'ailleurs bien singulière, la mission dont

mœurs, très peu convenable à ma profession, me faisait
peur ; j'appréhendais le ridicule de M. de Sens. »

les deux prélats s'étaient chargés, et bien délicate.
Pour le comprendre, il suffit de bien préciser d'abord
la physionomie des divers personnages de la pièce
qui va se jouer et qu'on appellerait volontiers une
comédie, si le sujet n'en était pas si sérieux.

Il y a tout d'abord les quatre évêques rebelles qu'il
s'agit de sauver ; mais ceux de Beauvais, d'Angers et
de Pamiers, ne sont que des satellites de M. Pavillon.
Celui-ci, retiré dans son fort d'Alet, là-bas, tout au
bout de la France, dans les montagnes, concentre
toutes les forces de résistance du parti. Par son aus-
térité et ses vertus très réelles, il s'est fait une véritable réputation de sainteté que respectent même ses
adversaires ; son clergé qu'il a façonné à son image et
ressemblance le soutient vaillamment. Mais quelle
obstination et quel entêtement ! Comme un sanglier
blessé, il fait front de tous côtés à la fois, il soupçonne des pièges partout et se met en garde contre
les propositions les plus inoffensives et les plus raison-
nables. Le burin nous a conservé ses traits : figure
sèche en ovale allongée, menton et nez très accentués,
sourcils fortement arqués, yeux largement ouverts,
lèvres pincées, pommettes saillantes, front fort large
mais peu élevé, durement bosselé ; c'est bien le
rocher qui se laisse briser, mais non amollir ; et
quand à côté de ces traits fortement accusés, on
contemple la physionomie douce et sympathique de
M. Vialart, qui avait conservé jusque dans son âge
mûr je ne sais quel air de franchise et de naïveté

candide de jeune homme, on est certain d'avance que
la victoire restera au premier.

D'autre part les neuf commissaires, non sans avoir
fait de longs détours, avaient dû enfin se rencontrer à
Paris, sans enthousiasme d'ailleurs, avec l'archevêque
de Toulouse, leur président, puisqu'aussi bien il leur
fallait, malgré tout leur gallicanisme, accepter la
charge que le Pape leur confiait. Pauvre Commission !
elle était destinée à jouer le rôle du personnage
muet, qui voudrait bien parler, mais que l'on empêche
sans cesse... et en fin de compte à être bernée et mo-
quée au dénouement.

Le nonce Bargellini, fraîchement arrivé à Paris,
au commencement d'Avril en même temps que M. Vialart, est tout d'abord abasourdi de tout ce qu'il entend
des deux côtés ; il essaye de l'intimidation pour forcer
les quatre évêques à rétracter leurs Mandements ; mais
c'est lui-même bientôt qui prend peur ; on lui fait
croire que le parti janséniste est très puissant. Nous
le voyons alors séduit par la gloire de conclure la paix
de l'Eglise, acceptant et faisant accepter par le Pape
ces négociations en partie double. Il paraît dans ces
circonstances difficiles avoir eu plus de bonne volonté
et de naïveté que de force de caractère et d'intelligence
de la situation.

Un personnage subalterne, très actif cependant, était
M. de Commenge, l'homme complaisant, l'ami de tout
le monde, l'officieux intermédiaire dans on se sert aux
moments difficiles et qui court de l'un à l'autre avec
un dévouement que rien ne rebute.

D'autres agissent dans les coulisses : ce sont les « Théologiens » Arnauld et Nicole, toujours enfermés à l'Hôtel de Longueville, mais fatigués de cette longue réclusion, déjà fléchissant et acceptant des compromis qui scandalisent leur ami d'Alet. Et enfin tout à côté les deux ministres Le Tellier et de Lionne, presque gagnés aux Jansénistes et décidés à accepter tout arrangement qui se fera en dehors de la Commission des neuf Prélats.

Les ministres ayant donc accepté au nom de Louis XIV le principe d'une négociation secrète et promis de conclure la paix, pourvu, avait ajouté le roi, que le Pape fût satisfait, les négociateurs n'avaient point perdu de temps. Le Nonce fut bien vite gagné par M. de Gondrin et par de Lionne qui lui représentèrent combien il serait glorieux à Clément IX de pacifier l'Eglise de France et qu'il n'y aurait nulle difficulté, pourvu qu'on ne demandât rien à ces Prélats qui pût blesser leur conscience et l'honneur de leur caractère.

Le Nonce promit d'en écrire à Rome pour savoir les intentions de Sa Sainteté. Il demandait cependant que l'évêque de Laon, M. d'Estrées, plus tard cardinal, fût adjoint aux deux négociateurs. Cet évêque était fort considéré à Rome et lié étroitement avec le Pape ; il n'était nullement suspect de jansénisme, et le Nonce pouvait être certain que, lui présent, il n'y aurait pas de supercherie possible. Clément IX se prêta parfaitement à la proposition de son Nonce et bientôt, comme nous le verrons, il envoyait un Bref

13.

à l'Evêque de Laon, qui le chargeait avec les deux autres Prélats de mener à bien ces négociations secrètes (1).

Il est donc bien certain, quoi qu'en aient dit certains historiens, que le Pape était au courant de l'affaire dès le début ; il approuvait la conduite du Nonce et désavouait, tacitement du moins, la Commission des Neuf. On peut penser ce que l'on voudra de cette manière d'agir ; on peut plaindre ces malheureux commissaires ainsi moqués, quoiqu'ils l'aient bien un peu mérité par la mauvaise grâce avec laquelle ils obéissaient au Pape ; du moins on ne saurait en faire un reproche à M. Vialart : il agit très loyalement, et dans ces conditions il ne pouvait avoir aucun scrupule à continuer les négociations.

Après plusieurs conférences entre le Nonce et les Prélats médiateurs, on s'accorda sur divers points et conditions d'accommodement. M. de Châlons fut chargé de communiquer le tout à M. d'Alet. Il le fit par l'entremise de M. de Commenge à qui il adressa une longue lettre en le priant de la porter lui-même à Alet.

Cette lettre fort habilement écrite est très importante car elle précise de suite les points principaux sur lesquels va se faire la négociation. M. Vialart y trace tout d'abord un tableau lamentable de la situation faite à l'Église de France par ces querelles du Jansénisme et par ce procès qui menace les quatre Evêques.

____

(1) Dumas. *Histoire des cinq propositions*, p. 380 et 388 et *Relation* Rospigliosi.

Puis il assure que « des Evêques, fort éclairés et très attachés aux intérêts de leurs confrères persécutés, jugent que toutes les condescendances légitimes sont d'obligation en cette rencontre, et qu'on doit mettre en ce rang par exemple de faire signer encore une fois dans un Synode ou autrement sur des Procès-Verbaux, ou avec des restrictions qui accompagneraient les signatures, *ainsi qu'on a fait à Sens et en beaucoup d'autres diocèses*, sans qu'il paraisse aucun Mandement ni acte public... Si on pouvait ensuite faire agréer cette proposition à la Cour et à M. le Nonce, comme on n'en désespère pas, ne serait-ce pas une justification entière du procédé des quatre Evêques et un établissement solennel et authentique des restrictions et de la distinction du Fait et du Droit qui ont été tant combattues... » M. Vialart n'oublie pas les Religieuses de Port-Royal avec lesquelles il savait M. d'Alet très lié : « On est très bien intentionné pour travailler en même temps au rétablissement des Religieuses de Port-Royal » ; et il conclut : « S'il plaît à Dieu de bénir l'affaire, vous jugez bien qu'il sera nécessaire et de la bienséance que ces Messieurs écrivent au Pape une lettre honnête, dans laquelle il n'y ait aucun terme qui puisse leur faire peine, mais seulement des expressions générales de respect et de soumission...»

Cette lettre que M. Vialart avait écrite, comme il le dit lui-même, « dans la sincérité de son cœur et pour la décharge de sa conscience devant Dieu » fut portée à Alet par M. de Commenge, accompagné de

M. de Pamiers. Les deux messagers arrivèrent le 23 juin et passèrent à discuter une grande partie de la journée du lendemain, fête de saint Jean-Baptiste ; ils n'interrompaient la discussion que pour aller aux offices ou prendre rapidement leur repas. Enfin le surlendemain, on put rédiger une réponse définitive à M. Vialart (1).

M. Pavillon acceptait de faire signer de nouveau dans un Synode sur un Procès Verbal, mais à condition « qu'on laisserait la liberté aux Evêques de faire leurs Projets-Verbaux comme ils voudraient ; qu'ils seraient aussi les maîtres de la Lettre qu'ils écriraient au Pape, laquelle serait respectueuse... et qu'il n'y pourrait rien avoir qui sentît tant soit peu la rétractation ; que l'accommodement serait général, c'est-à-dire qu'il embrasserait et les Docteurs et les Religieuses de Port-Royal qui étaient dans la même cause... »

On voit par là à quel homme intraitable M. Vialart avait affaire : ce n'était vraiment pas la peine de tant discuter pour accorder si peu. On voit surtout poindre la défiance contre M. de Châlons auquel il veut qu'on adjoigne M. de Sens (il ignorait que la chose était faite) ; M. de Sens lui était moins suspect parce qu'il avait fait signer avec restriction, tandis que M. Vialart soutenait qu'on pouvait signer purement

---

(1) Toute cette discussion entre les trois Prélats est racontée d'une manière très vivante et très intéressante, dans la *Relation* (janséniste) *de la Paix de Clément IX.* Tome II, p. 64 sqq.

et simplement, comme il l'avait d'ailleurs fait lui-
même.

Les « Théologiens » eux-mêmes s'en méfiaient tout
d'abord, comme on le voit par une lettre du 20 mai
1668 où Arnauld disait aux Religieuses de Port-
Royal « qu'il y avait dans l'esprit de M. Vialart quelques petits nuages contre nous. » Ils se méfiaient
même de M. de Gondrin, car « comme le caractère
de son esprit faisait qu'on avait peine à lui résister
dans les conférences, lorsqu'il entreprenait une fois de
persuader les autres, il craignait que ce Prélat voulant à quelque prix que ce fût réussir dans cet accommodement, ils ne pussent se défendre de ses propositions, et qu'ils ne se vissent comme accablés par
le poids de son autorité et par l'éclat et la vivacité de
ses raisonnemens. » Cette défiance, comme on le voit,
avait de singulières causes : au fond ils estimaient
davantage l'Evêque de Châlons que l'autre médiateur.

Quoi qu'il en soit, aussitôt qu'il eut reçu la réponse
de M. d'Alet, l'Evêque de Châlons s'assura du consentement des trois autres Evêques en cause. Il l'obtint
facilement, et il en fit part au Nonce qui venait lui-
même de recevoir réponse favorable de Rome. « Le
Nonce eut ordre du Pape, dit positivement la Relation Rospigliosi, de ne plus parler de rétractation (des
Mandements) et de faire tous ses efforts pour obtenir
l'autre point, scavoir une souscription sincère. »

M. Vialart saisit aussi de toute l'affaire de Lyonne,
secrétaire d'Etat pour les Affaires Etrangères, et il le
pria de faire accepter par le Nonce ce qui avait été

convenu à Alet. Le ministre s'y employa efficacement
« représentant au Nonce d'une manière très vive les
raisons qui devaient engager Sa Sainteté à un semblable accommodement et surtout le péril qu'il y avait
de commettre l'autorité du Saint-Siège non seulement
avec les dix-neuf Evêques qui par leur Lettre au Pape
avaient fait de la cause des quatre accusés leur propre
cause, mais encore avec un plus grand nombre d'autres qui étaient prêts à se déclarer de même (1). »

On convint d'ailleurs que tout se passerait dans le
plus grand secret, « qu'on cacherait absolument l'affaire au confesseur du Roy et à ceux de son parti, c'est-
à-dire surtout à M. de Péréfixe, parce qu'il ne pourrait s'empêcher de le dire au P. Annat, qui aurait
tout gasté (2). » Un « Mémoire » de M. d'Arcons, avo-
cat de Bordeaux, ajoute même « que l'on convint
aussi de ne point mettre par écrit les articles de
cette négociation, et même de n'en point publier le
secret, au moins de longtemps. »

(1) Dumas. *Histoire des cinq propositions*, p. 380.
(2) Narratio sancitæ pacis sub Clementi IX. P. 580.

CHAPITRE IV

Le siège continue. — Ce que le Pape et M. Vialart entendent par le Fait et le Droit. — Détresse des médiateurs. — Capitulation d'Alet.

Cependant la justice officielle suivait gravement son cours, au moins extérieurement. On publiait partout le Bref qui ordonnait le « brûlement » du Rituel d'Alet ; le 4 juillet, comme nous l'avons vu, le Parlement enregistrait l'Arrêt du Conseil d'en-haut qui condamnait et supprimait la Lettre circulaire des quatre évêques ; les neuf commissaires étaient tous arrivés à Paris, M. de Toulouse en tête, ils allaient incessamment se réunir, et le nonce, pour ne rien laisser soupçonner, s'était mis en rapport avec eux.

Il y avait pendant tout ce temps un véritable chassé-croisé de lettres, de M. de Sens à M. d'Alet, de celui-ci à ses trois co-accusés et à M. de Sens, en qui décidément il avait une confiance toute particulière. Arnauld, lui aussi, se met de la partie, et l'on sait que quand Arnauld prend la plume, il la garde longtemps. On nous dispensera d'expliquer en détail toute cette diplomatie, car M. Vialart y resta à peu près étranger ; il suffit de savoir que bien vite tout le monde fut d'accord sur les divers points qu'il avait proposés.

Mais M. Pavillon ne se pressait guère de remplir les conditions qu'il avait acceptées ; il ne semblait pas se douter qu'il fallait agir et agir vite. Comme il ne répondait pas sur ce sujet à M. de Sens qui l'en pressait, M. Vialart prit sur lui de faire « minuter », comme d'ailleurs M. de Commenge lui en avait donné le conseil, la lettre que les quatre prélats devaient écrire au Pape. Il s'adressa pour cela à Arnauld : il savait, en effet, que M. d'Alet avait grande confiance en lui, qu'il lui avait déjà demandé la rédaction de diverses autres lettres. C'était, pensait-il, un moyen infaillible d'ôter au soupçonneux évêque la défiance qui perçait dans toutes ses lettres.

Arnauld rédigea donc le projet de Lettre, qui était d'ailleurs très difficile à faire ; les médiateurs le discutèrent en plusieurs conférences ; M. de Châlons le communiqua à Le Tellier et aux autres ministres qu l'approuvèrent. Il fut soumis immédiatement, le 9 août, au nonce qui, après quelques modifications peu importantes, y apposa sa signature.

Il convient d'examiner plus attentivement cette lettre, car elle contient toute la pensée de M. Vialart et c'est la pièce principale sur laquelle fut signée la paix. Les quatre évêques y protestent tout d'abord de leur amour de l'union et de leur soumission au Saint-Siège. Ils rappellent que plusieurs évêques de France, quoique pensant comme eux, avaient fait signer le Formulaire autrement qu'eux, et qu'ils vont les imiter *en donnant à leurs ecclésiastiques les mêmes instructions, en leur prescrivant la même déférence pour les Constitutions apostoliques que ces évêques ont prescrite à ceux qui leur sont soumis.* Cela leur est pénible, mais ils le font pour assurer la paix de l'Eglise, qui est leur plus cher souci, et aussi parce qu'ils reconnaissent dans le successeur de saint Pierre la Primauté de l'Eglise que Jésus-Christ a donnée à cet apôtre. D'ailleurs, ils ont pour le Pape actuellément régnant une affection et une vénération toute particulière.

Cette lettre que l'on a tant reprochée à Arnauld et à M. Vialart, si habiles, paraît-il, à faire entendre autre chose que ce qu'ils pensaient, ne nous semble pas mériter tous ces anathèmes. Sans doute, elle reste trop dans des généralités assez banales ; elle ne précise pas et ne parle pas de procès-verbaux où la distinction du fait et du droit sera consignée. Cependant elle le laisse fort clairement entendre, quand elle déclare que les quatre évêques signeront le Formulaire comme d'autres ont fait, M. de Gondrin et M. de Commenge par exemple. Le nonce ne pouvait pas s'y tromper, et comme il approuva ce passage comme les autres, M. Vialart n'a de ce chef à encourir aucun reproche de fausseté ou de dissimulation.

C'est ici peut-être qu'est le nœud de cette question, si délicate et tant débattue du Jansénisme, et c'est, pour l'avoir résolue trop à la légère que tant d'historiens se sont montrés si durs et si injustes envers l'évêque de Châlons et les autres médiateurs. On les accuse d'avoir trompé indignement le Pape, sinon le nonce : ils n'auraient nullement parlé de distinction de fait et de droit à faire dans les procès-verbaux, et le Pape aurait cru que les quatre prélats avaient signé purement et simplement, sans restriction d'aucune sorte.

Mais là n'est pas la vérité. Certes oui, on savait bien à Rome que les quatre évêques distinguaient toujours entre le droit et le fait, et qu'ils ne s'engageaient point à croire le « Fait de Jansénius »; la lettre au Pape le fait entendre clairement, nous venons de le voir; la *Relation* du cardinal Rospigliosi si bien placé pour le savoir, le déclare formellement; les anti-Jansénistes eux-mêmes l'avouent à l'époque (1).

Mais il importe avant tout de préciser ce que l'on entendait à Rome par le Droit et le Fait; dans ce débat si subtil il y avait trois questions bien distinctes : les cinq propositions sont-elles hérétiques dans tous les sens? Sont-elles sinon la lettre, du moins l'esprit de l'*Augustinus*, ouvrage posthume de Jansénius? Et enfin Jansénius lui-même avait-il dans l'esprit le sens hérétique des cinq propositions? — A l'époque où nous sommes, aucun Janséniste ne soutenait plus, ouvertement du moins, que les cinq propositions n'étaient pas hérétiques. Les quatre évêques seuls avaient refusé dans leurs Mandements de reconnaître qu'elles étaient dans l'*Augustinus*, comme le demandaient expressément les Constitutions d'Innocent X et d'Alexandre VII.

Quant à la troisième question, Rome ne l'avait pas tranchée; elle voulait bien laisser aux Jansénistes cette consolation de croire et de répéter (et ils n'y

(1) Dumas. *Deux vérités capitales de l'Histoire des cinq propositions,* p. 270.

manquaient guère) qu'un évêque aussi pieux, aussi saint, etc., que l'avait été Cornélius Jansen, ne pouvait pas être hérétique. C'était la pensée intime de M. Vialart qui condamnait les cinq propositions dans tous les sens où l'Eglise l'entendait ; c'est avec cette restriction que d'autres évêques avaient signé le Formulaire, c'était la seule que permît le Saint-Siège, celle aussi qui était indiquée dans le projet de Lettre au Pape, approuvé par M. Vialart.

Personne alors ne s'y trompa, M. d'Alet moins que tout autre ; il avait mis dans son étroit cerveau d'hérétique que les cinq propositions n'étaient pas dans l'*Augustinus*, et il ne voulait pas céder : c'est ce qui explique la longue résistance qu'il fit avant de signer : il ne voulait pas tromper le Pape en signant ce qu'il ne croyait pas. Il semble qu'il ne saurait y avoir d'argument plus frappant en faveur de M. Vialart.

Donc la Lettre au Pape ayant été signée par le nonce le 9 août, dès le lendemain M. de Saint-Laurent partit en grande poste pour la porter à Alet. Il était d'une extrême importance d'empêcher la Commission des neuf évêques de s'ériger en tribunal ; aussi, en attendant la réponse d'Alet, M. Vialart et M. de Gondrin se donnent pour cela beaucoup de mouvement. Tous deux vont successivement rendre visite à M. de Toulouse ; on commence par l'entretenir de vagues propositions d'accommodement ; puis M. Vialart lui demande en propres termes un délai de quinze jours, sous prétexte d'envoyer un courrier aux quatre évêques. M. de Toulouse l'accorde volon-

tiers (il ne se doutait guère de ce que portait ce
courrier) pourvu que la chose fût agréée des ministres. Les ministres, au courant de tout, n'eurent
garde de refuser le délai à M. de Toulouse qui avait
dû, pour comble d'ironie, le demander lui-même.

Mais voici que bientôt arrive d'Alet, non pas la Lettre au Pape, avec la signature de l'évêque, mais une
longue missive, datée du 14 août : M. Pavillon déclare
à l'avance qu'il ne saurait signer, que les procès
verbaux proposés doivent être une confirmation des
Mandements, etc.

Grand émoi à Paris et terrible embarras des médiateurs. Arnauld le premier reprend courage, et le 22
suivant, il répond à M. d'Alet une très longue
lettre-dissertation. Il y parle tout d'abord de « l'étrange
consternation » où ils se trouvent à Paris ; puis il répond avec méthode à toutes les difficultés que le prélat
avait faites sur le projet de la Lettre au Pape. Le 25
août, nouvelle lettre de M. de Sens, puis coup sur
coup lettre de M. de Beauvais, lettre de M. Barcos,
lettre de M. d'Angers. Sur les instances de M. Vialart,
M. de Commenge et M. de Pamiers se rendent en toute
hâte à Alet. Malgré leurs supplications, M. Pavillon se
met tranquillement à rectifier ce malheureux projet de
lettre, taillant à sa guise en plein drap. Il renvoie
M. de Saint-Laurent à Paris pour expliquer tous ces
changements, mais sans la lettre signée.

Le courrier arrive tout penaud à Paris le 27 août ; on
cache son arrivée au Nonce qui commence à s'impa-
tienter fort. Le délai de quinze jours est écoulé : la

Commission va enfin se réunir. On presse M. Pavillon : on lui fait remarquer surtout que la Lettre ne comporte pas de révocation des Mandements ; l'obstiné Prélat prend son temps pour répondre qu'il faut qu'on accepte ses rectifications...

Il est à remarquer que M. Vialart ne paraît en aucune façon dans toute cette négociation avec l'Evêque d'Alet : craignait-il d'irriter encore sa défiance, ou plutôt désapprouvait-il ces concessions au moins apparentes qu'on allait lui faire ; quoi qu'il en soit, c'est M. de Sens qui en assume toute la responsabilité aux yeux de l'histoire ; le 1er septembre il écrit à M. d'Alet une longue lettre où il discute l'une après l'autre chacune de ses corrections ; puis il finit par prendre le ton pathétique et avec une véritable éloquence il conjure l'Évêque de se rendre aux vœux de tous ses amis. Il va jusqu'à « se mettre à deux genoux » devant lui... Deux courriers partent coup sur coup.

Dans tout cela le rôle de M. Vialart se borna à faire prendre patience au Nonce qui n'y comprenait plus rien, et à M. de Toulouse qui « se laissait endormir » assez facilement : « Il lui suffisait, déclarait-il, que M. le Nonce n'improuvât point ce délai, et que pourvu qu'il ne criât point contre, c'était autant que mille. » Le Nonce n'avait garde de se plaindre.

Enfin M. d'Alet se résigna à signer la mort dans l'âme, le 10 septembre. Le courrier porteur de la Lettre signée arriva à Paris le samedi matin 15. M. de Gondrin qui le reçoit ne se sent plus de joie ; sans penser à en avertir M. de Châlons, il court à travers toute la ville pour rencontrer le Nonce ; il le trouve enfin « qui se promenait à Luxembourg » ; les deux braves gens s'embrassent et se congratulent réciproquement. Puis, M. de Sens court à l'Hôtel de Longueville, et enfin chez M. de Châlons à qui il demande pardon de la faute qu'il a commise à son égard en ne l'avertissant pas le premier. Faut-il soupçonner quelque mésintelligence entre les deux médiateurs ? Cela n'est guère possible ; cependant nous avons déjà dû remarquer que M. Vialart, depuis l'envoi du projet de lettre à Alet, s'était abstenu de correspondre avec M. Pavillon. De plus les deux Prélats écrivent séparément à Le Tellier pour lui annoncer la bonne nouvelle, et le ministre leur répond séparément en leur exprimant d'ailleurs toute sa joie. La Lettre au Pape est remise solennellement au Nonce par les médiateurs et tous trois se rendent à Saint-Germain où ils sont reçus et félicités par le Roi, comme nous l'avons dit en commençant.

Il s'agissait maintenant de remercier les neuf Commissaires et de leur faire comprendre que leur présence à Paris était devenue plus inutile que jamais. Le Nonce écrivit à cet effet à M. de Lionne qui sur l'ordre du Roi les « fit avertir fort honnêtement » ; et ces personnages muets quittèrent la scène, non sans être quelque peu moqués : quand par exemple on les voyait passer, *les courtisans se disaient les uns aux autres : Cavalli di ritorno per gli signori Commissarii* (1) ! c'est le cri des loueurs de voiture à Rome. C'était, comme on le voit, assez inoffensif.

(1) *Relation de la Paix de Clément IX*, p. 256.

CHAPITRE V

Le Nonce cependant après avoir dit à qui voulait
l'entendre que l'affaire « était finie et plus que finie »
commença d'avoir des scrupules, car il était d'un
caractère faible et timide, disent les Anti-Jansénistes.
Il voulait n'envoyer à Rome qu'une copie de la Lettre
au Pape et rendre l'original aux médiateurs. Ceux-ci
protestent et vont trouver le Nonce. Et ici se place
une scène de violence, assez difficile à croire bien qu'elle
soit rapportée par la *Relation de la Paix de Clément IX*,
p. 258. « Comme M. Vialart insistait, dit l'auteur Janséniste, le Nonce demeura ferme, et après bien des
contestations la chaleur lui ayant monté à la tête, il
prit un canif qui était sur la table, et en donna un
grand coup au milieu de la Lettre, qu'il jeta ainsi
déchirée sur cette table... »

Le ministre de Lionne essaya de calmer et de rassu-
rer le Nonce, il n'y réussit qu'à moitié. M. Vialart fit
alors agir M. de Laon qui réussit mieux et fit comprendre au malheureux Nonce que la Lettre des quatre Évêques serait certainement très agréable au Pape
et l'accommodement fort avantageux à toute l'Église,
et le lendemain il écrivit lui-même au Pape en ce sens.

(1) Dumas. *Histoire des cinq Propositions*, p. 416.

Il lui déclarait « que M. le Nonce mérite une louange et une estime toute particulière, par ses manières engageantes, sa pénétration et son habileté à gagner si heureusement les esprits des Puissances à qui il a affaire, que ce que d'autres ne pouvaient obtenir par toute leur authorité, il en peut aisément venir à bout par sa douceur. » Ce témoignage était d'autant plus précieux pour le Nonce, qu'il venait de M. d'Estrées, très bien vu en cour de Rome.

Entre temps les quatre Évêques, comme il était convenu, tenaient leurs Synodes, le 14 septembre à Beauvais, le 15 à Angers, le 18 à Pamiers et à Alet. Ils y firent signer un Procès-Verbal identique, qui leur avait été envoyé tout fait par les médiateurs. Dans cette pièce il était dit que par leur signature les prêtres « s'obligeaient à condamner sincèrement, pleinement et sans aucune réserve ni exception, tous les sens que l'Eglise et le Pape ont condamnés et condamnent dans les cinq Propositions... ; qu'à l'égard du fait contenu dans le dernier Formulaire, ils sont seulement obligés à une soumission de respect et de discipline. »

Toujours la même imprécision et la même équivoque ; toujours la même porte ouverte à toutes les échappatoires. Si l'on s'en rapporte à la Lettre au Pape, comme nous l'avons fait remarquer plus haut, cette distinction du Fait de Jansénius ne peut s'appliquer qu'aux sentiments intimes du « saint » Évêque d'Ypres, mais les Jansénistes d'extrême-gauche comme M. d'Alet pouvaient entendre tout autre chose ;

M. Vialart eût peut-être mieux fait d'exiger au préalable l'explication nette qui empêchât toute confusion :
mais l'aurait-il obtenue ? Quoi qu'il en soit, ces
Procès-Verbaux furent signés et tenus secrets aux
greffes des Évêchés. Ils ne devaient reparaître que
trente ans plus tard, quand le Jansénisme se réveilla
de si terrible façon.

Le courrier du Nonce était arrivé à Rome le 25 sep-
bre ; dès le 28, qui était un vendredi, le Pape tint une
Congrégation de Cardinaux et répondit à Louis XIV
par un Bref où il exprimait « toute sa joie d'apprendre que les quatre Évêques s'étaient soumis à la
souscription pure et simple.... » Le Bref arriva à Paris
le 8 octobre et fut immédiatement porté au roi par le
Nonce qui déclara le Pape très satisfait. Arnauld avait
signé le Formulaire à Angers, chez son frère, sous le
titre dès longtemps supprimé de « Chappelain de la
Garenne, dans l'église de Jumelle » ; le 13 octobre, il
fut par MM. de Sens et de Châlons présenté au Nonce
qui lui déclara que « sa plume était d'or ». Le 18 un
arrêt du Conseil d'Etat déclara que « tout est terminé
et fait inhibition et défenses à tous les sujets du Roy
de s'attaquer ni provoquer les uns les autres, etc. »
Le 24 le Roi donna audience à Arnauld, ce dont les
Jansénistes triomphèrent bruyamment. Le 27 une
lettre du Roi aux quatre Évêques leur dit que « toutes les divisions qui avaient depuis quelques années
agité l'Église de France sont terminées... »

Le Pape cependant faisait plus attendre sa réponse ;
il voulait, avant de l'envoyer, recevoir un certificat au-

thentique constatant en bonnes et dues formes que les quatre Évêques avaient signé le Formulaire. Malgré les protestations des intéressés, les quatre certificats furent envoyés, disant que les Évêques « avaient signé sincèrement et fait signer de même. »

*
* *

Depuis que le Nonce avait envoyé la Lettre au Pape, M. Vialart n'avait plus joué qu'un rôle secondaire, pour ainsi dire ; il sentait bien que pour paralyser l'activité surexcitée des Anti-Jansénistes il était surtout besoin d'habileté politique ; il s'était effacé devant M. de Gondrin, plus expert en la matière, et se contentait du rôle de conciliateur, car il excellait à verser l'huile quand les rouages grinçaient un peu trop.

Mais bientôt il dut reprendre un rôle plus actif, car à cette époque précisément, M. de Gondrin fut frappé de disgrâce. Pourquoi ? Il était l'oncle de Mme de Montespan ; des historiens prétendent que le sévère Janséniste aurait donné devant témoin un soufflet à sa nièce, ou simplement un conseil énergique et trop indiscret au mari. Quoi qu'il en soit, il fut exilé de la Cour et tout son crédit fut ruiné. M. Vialart dut achever seul l'entreprise commune, elle était d'ailleurs bien près d'être terminée.

Le Pape très prudent ne s'était pas contenté des certificats de signature envoyés par les quatre évêques. « Il voulait encore, dit la *Relation* Rospigliosi, savoir ce que contenaient les déclarations qu'avaient faites

les quatre évêques dans leurs procès-verbaux ». Par
une lettre arrivée à Paris le 2 décembre, il ordonna à
son Nonce de se les procurer et d'en envoyer copie à
Rome. L'ordre fut communiqué au Roi qui chargea
M. de Harlay, encore archevêque de Rouen, d'aller
trouver M. Vialart et de le prier « de donner au plus
tôt des éclaircissements sur ce que demandait le
Pape ».

L'archevêque se rendit donc chez M. Vialart le 3 décembre, et le lendemain l'Evêque de Châlons donna
l'attestation demandée. On avait si grande confiance
en lui que sa parole fît foi au lieu et place de la copie
des procès-verbaux. Il déclarait que « les quatre Evêques ont agi de la meilleure foi du monde et qu'ils
ont une profonde soumission pour le Saint-Siège. Ils
ont condamné et fait condamner les cinq propositions
avec toute sorte de sincérité, sans exception, ni restriction quelconque, dans tous les sens que l'Eglise les a
condamnées. Ils sont très éloignés de cacher dans leur
cœur aucun dessein de renouveler ces erreurs, sous
quelque prétexte que ce soit, ni de souffrir que personne les renouvelle, ni de donner aucune atteinte à la
condamnation qu'en a faite l'Eglise, n'y ayant point
d'ecclésiastiques dans le royaume qui soient plus inviola-
blement attachés à sa doctrine sur ce point et sur tous
les autres.

« Et quant à l'attribution de ces propositions au livre
de Jansénius, ils ont encore rendu et fait rendre au
Saint-Siège toute la déférence et obéissance qui lui est
due, comme tous les théologiens conviennent qu'il la

faut rendre au regard de tous les livres condamnés, selon la doctrine catholique soutenue dans tous les siècles par tous les Docteurs, et même conformément à l'esprit des Bulles apostoliques, qui est de ne dire, ni écrire, ni enseigner rien de contraire à ce qui est décidé par les Papes sur ce sujet.

« Nous déclarons et certifions qu'ayant eu communication et connaissance particulière des sentiments des quatre Evêques et de ce qui est contenu dans leurs procès-verbaux, la doctrine qui est contenue dans cet écrit est entièrement conforme à celle desdits procès-verbaux, et qu'ils ne contiennent rien de contraire à cette doctrine. »

Cette déclaration est connue sous le nom d'acte du 4 Décembre. Elle est très importante dans l'histoire du Jansénisme, et dans celle de M. Vialart. On ne peut certes pas dire que l'Evêque de Châlons a trompé le Pape ; il a bien indiqué la restriction apportée par les quatre Evêques dans leurs procès-verbaux. On a prétendu plus tard qu'ils avaient excepté le sens de Jansénius ; c'eût été de leur part une contradiction flagrante, quand quelques lignes plus haut ils avaient déclaré qu'ils condamnaient les cinq propositions dans tous les sens condamnés par l'Eglise.

Ni M. Vialart, ni le Pape n'ont voulu croire à une aussi monstrueuse contradiction ; ils ont préféré donner aux procès-verbaux une explication plus conforme au bon sens et à la loyauté, et supposer que les Evêques refusaient seulement, ce qui était leur droit, de croire que Jansénius fût formellement hérétique.

C'est ce que déclara expressément le cardinal Rospigliosi parfaitement au courant de tout ce qui se passait à Rome : « Le Pape donc, dit-il dans sa *Relation*, voyant d'après la déclaration de M. de Châlons qu'enfin les quatre Evêques avaient souscrit sincèrement le Formulaire et condamné sans aucune sorte de restriction les propositions dans tous les sens dans lesquels elles étaient condamnées par l'Eglise, crut devoir dissimuler l'autre point qui était qu'encore qu'ils ne voulussent pas reconnaître pour article de foi la décision du Pape sur le fait, ils s'engageaient néanmoins à la révérer par un silence respectueux et faire à cet égard ce qu'enseignent les cardinaux Baronius, Bellarmin, etc... »

Clément IX après avoir « examiné et fait examiner pendant plus de trois semaines » la déclaration de M. Vialart répondit enfin aux quatre Evêques par un Bref en date du 19 janvier 1669. Le Pape déclare « qu'il a procédé avec lenteur dans cette affaire importante à cause de certains bruits parvenus jusqu'à lui, mais aujourd'hui des documens nouveaux et d'une sérieuse gravité nous sont venus de France et nous font connaître que vous avez sincèrement souscrit le Formulaire avec une vraie et parfaite obéissance, et que vous avez condamné sans aucune exception ou restriction les cinq propositions selon tous les sens dans lesquels elles ont été condamnées par le Siège Apostolique : en conséquence nous avons bien voulu vous donner ici une marque de Notre bienveillance... »

Le même jour le Pape écrivait dans le même sens

aux trois médiateurs de la paix ; il loue « leur piété, la droiture de leurs intentions, leur zèle pour arracher du champ du Seigneur la zizanie » ; il constate à différentes reprises que les quatre Evêques ont souscrit sincèrement et de la manière qu'il est prescrit par les Lettres apostoliques, qu'ils ont rendu au Vicaire de Jésus-Christ la soumission qu'ils lui devaient par une pleine et entière exécution des Bulles apostoliques... »

On voit avec quelle insistance le Pape revient sur cette obéissance et cette soumission entière. La précaution n'était pas inutile ; quand plus tard le Jansénisme, comme un phénix maudit, renaîtra de ses cendres, ces deux Brefs seront très gênants pour le parti.

Pour le moment ils mettaient fin à l'affaire. Ils furent présentés au Roi par le Nonce le 2 février, et la paix fut déclarée définitivement conclue.

CONCLUSION

Cette paix tant honnie par les uns, tant célébrée par les autres, ne mérite à notre avis *Ni cet excès d'honneur, ni cette indignité.* Il est évidemment exagéré de dire que c'est une « paix déshonorante, obtenue par la tromperie ». Nous n'avons pas prétendu en faire l'histoire complète ; nous en avons seulement indiqué les principaux moments et la part que M. Vialart y a prise. Pour nous c'est une paix boiteuse et incomplète ; l'équivoque n'a pas été suffisamment détruite dans les termes du traité. Elle prêtait trop à un retour offensif de la mauvaise foi.

M. Pavillon était-il sincère ? Renonçait-il au fond du cœur à l'erreur qu'il avait soutenue dans son Mandement ? C'est affaire entre Dieu et lui. Nous croyons plutôt qu'inintelligent comme tout sectaire et d'autant plus orgueilleux qu'il en appelait sans cesse à son humilité, il n'a pas compris ce que M. Vialart lui demandait ; il n'a pas admis la distinction légitime qui était dans la pensée du négociateur ; du moins il ne l'a pas assez fait voir.

Quant à M. Vialart, nous croyons avoir amplement démontré qu'il ne mérite pas les épithètes malsonnantes que trop d'historiens ecclésiastiques et autres accolent à son nom. Il est vrai, comme nous le disions en commençant cette étude, qu'ils agissent ainsi par irréflexion ; ils prennent l'injure toute faite et la transmettent à la génération suivante : il serait temps, croyons-nous, de faire cesser pareille injustice.

Qu'on dise tant qu'on voudra que M. Vialart a eu des préférences avouées pour les Jansénistes. Oui certes, il appréciait la sévérité de leur morale et leurs vertus qui étaient réelles ; mais sur la question dogmatique il était soumis à l'Eglise et il n'hésitait pas à abandonner ses meilleurs amis quand ils s'obstinaient dans leur erreur, témoin M. Feydeau, curé de Vitry-le-François.

Qu'on dise aussi qu'il était imbu des préjugés gallicans et qu'en fait de discipline il n'admettait guère l'autorité du Pape sur les évêques de France ; nous l'avons assez fait remarquer au cours de cette petite étude. Mais son erreur était celle de presque tout le clergé de son temps, elle s'explique très bien ; et certes, quand il réclamait en faveur des libertés gallicanes, il était beaucoup moins à blâmer que nos modernes catholiques qui, après le Concile du Vatican, et dans des questions d'où dépend l'avenir de la France, restent obstinément réfractaires à la parole du Pape.

Qu'on dise encore, si l'on veut, qu'il n'a pas prévu le réveil de cette subtile hérésie et l'abus qu'elle devait faire de la *Paix Clémentine* avant d'aboutir aux scandales du cimetière Saint-Médard. Mais faut-il tant le lui reprocher ? Est-ce qu'il était obligé de compter ainsi avec la malignité humaine ? Est-ce que ces scandales qui ont ruiné le Jansénisme en somme n'auraient pas éclaté sans la *Paix Clémentine*, et plus tôt sans doute ?

Est-ce qu'il ne faut pas au contraire louer M. Vialart d'avoir contribué pour une large part à donner à l'Eglise de France trente années de calme, relatif sans doute, mais réel ? Ne faut-il pas même le plaindre ? car enfin sa mémoire a beaucoup souffert du fait des Jansénistes ; ce sont eux qui au xviiie siècle, pour justifier leur obstination, ont travesti sa pensée et en ont fait un des leurs.

La tactique était habile, car M. Vialart avait laissé dans son diocèse une réputation de sainteté. Sans parler des miracles assez nombreux qui lui sont attribués, surtout, il est vrai, par les Jansénistes, on peut dire qu'il était un homme de conscience délicate, très zélé, très actif; peu d'évêques au xviie siècle ont aussi heureusement que lui transformé leur diocèse, car ces discussions jansénistes ne sont qu'un chapitre de sa longue et fécon de et belle vie, et nous ne pouvons mieux terminer cette étude qu'en rappelant les éloges que le Pape Innocent XI lui adressa en juillet 1677 ; oui certes, il a montré « un grand zèle pour le rétablissement de la discipline ecclésiastique et pour l'affermissement de la paix de l'Eglise de France... Sa grande vertu lui avait acquis beaucoup de crédit et d'autorité... Il n'était attaché à aucun parti, il n'avait en vue que la gloire de Dieu et de faire rendre aux Constitutions du Saint-Siège le respect qui leur est dû... » Ces éloges donnés par le Pape qui connaissait évidemment dans le détail toute la négociation pour la Paix de l'Eglise s'accordent merveilleusement avec tout ce que nous avons dit en faveur de M. Vialart.

SUITE DES PRINCIPAUX OUVRAGES

publiés par les *Cousins germains*

AU COURS DE LEUR CONTROVERSE

1642. *Saint Augustin, victorieux de Calvin et de Molina,* ou *Réfutation d'un livre intitulé :* Le secret du Jansénisme, Paris, 1642, in-4°, sans nom d'auteur (Abbé Bourzeis).

1659. *Tradition de l'Église touchant l'Eucharistie* avec *Table historique et chronologique* formant l'*Office du Saint-Sacrement,* par Nicole.

1663. *Réponse de M. Claude* à la Petite Perpétuité (non encore imprimé).

1664. *Petite Perpétuité,* suivie de la *Réfutation de la Réponse de M. Claude* par Nicole.

1665. *Réponse aux deux traités intitulés : La Perpétuité de la Foy,* par Claude.

1667. *La présence de Jésus-Christ dans le Saint-Sacrement,* par le P. Nouet.

Éclaircissements pour réfuter l'échantillon de l'Infidélité Janséniste, par Barnabé.

1668. *Troisième réponse de M. Claude.*

1669 (Janvier). Premier volume de la *Grande Perpétuité.*

1671 (Février). *Réponse générale à M. Claude,* par Nicole.

Préjugez légitimes, par Nicole.

1672. *Renversement de la morale de Jésus-Christ,* par Arnauld.

Créance de l'Église grecque, par le P. de Paris.

Réponse sommaire au livre intitulé : Renversement de la Morale, par Bruguier.

1673. *Défense de la Réformation*, par Claude.

Examen du livre qui porte pour titre : Préjugez légitimes, par Claude Pajon, 3 vol. in-12.

1674. Troisième volume de la *Grande Perpétuité.*

L'Impiété de la Morale des Calvinistes, par Arnauld.

1675. *Apologie de la morale des Réformez,* réplique au nouveau livre de M. Arnauld, par Jurieu.

1678. *Défense du livre du* Renversement de la morale, par Le Féron.

1680. *Politique du clergé de France*, par Jurieu.

1681. *Préservatif contre le changement de religion*, par Jurieu.

Remarques sur une lettre de M. Spon, de la R. P. R. par Arnauld, Anvers, chez Pierre le Fèvre.

Apologie pour les catholiques (1er volume), par Arnauld.

1683. *Réflexions sur le Préservatif*, par Arnauld.

Défense de la Foy de l'Église sur les principaux points de controverse, pour servir de réponse à une lettre de M. Spon, par M. Bruzeau, prêtre de la communauté de Saint-Gervais, chez la ve Claude Thiboust.

Motifs invincibles pour convaincre ceux de la R. P. R., par le Fèvre.

Le Calvinisme convaincu de nouveau, par Arnauld.

Considérations sur les lettres circulaires de l'assemblée du clergé, par Claude.

1683. *Le Calvinisme et le Papisme en parallèle*, par Jurieu.

Le Janséniste convaincu de vaine sophistiquerie, ou Examen des Réflexions de Monsieur Arnauld sur le Préservatif contre le changement de religion (par Jurieu). A Amsterdam, chez Henri Desbordes.

1684. *Justification de la Morale des Réformez*, par Jurieu.
   Les P. Réf. convaincus de schisme, par Nicole.
   L'esprit de M. Arnauld, tiré de sa conduite (par
   Jurieu).
1685. *Préjugez légitime contre le Papisme*, par Jurieu.
   Amsterdam.
   *Réplique à M. Arnauld pour la défense des Motifs
   invincibles*, par Le Fèvre.
1685. *Vrai système de l'Église et la véritable analyse de la
   Foy*, par Jurieu. Dordrecht, in-8°.
1691. *De la Défense du livre intitulé : Le Calvinisme con-
   vaincu de nouveau* (par le Féron).

TABLE DES MATIÈRES

PRÉFACE V

CHAPITRE PREMIER

Saint-Cyran et l'abbé de Bourzeis. — Intention de Saint-Cyran. — Amable de Bourzeis, singulier janséniste ; — son livre de *Saint Augustin, victorieux de Calvin* 1

CHAPITRE II

Arnauld, Nicole et la *Perpétuité de la Foi*. — Portrait des deux chefs jansénistes ; — Arnauld et Brachet de la Milletière ; — origine de la *Petite Perpétuité* ; — idée sommaire de la discussion avec Claude ; — objections et réponses 11

CHAPITRE III

La Grande Perpétuité. — Situation des chefs jansénistes en 1667 et la paix de l'Église ; — approbations données à la *Grande Perpétuité*, œuvre de Nicole ; — nouvelle méthode de controverse ; argument de prescription ; — témoignage des Églises orientales 31

CHAPITRE IV

Suite de la Grande Perpétuité. — Réponse générale de Nicole aux réponses de Claude ; — deuxième volume où Nicole reprend la méthode de discussion ; — mauvaise foi de Sainte-Beuve à ce sujet ; — attaques et ripostes autour du deuxième volume ; — l'abbé Renaudot répond à tout en publiant les deux derniers 45

CHAPITRE V

Préjugez légitimes de Nicole. — Méthode *a priori* et usage de l'histoire moderne ; — Bossuet ; — Défense de la Réformation par Claude ; — autre réponse par Claude Pajon ; — le P. Desmares se substitue à Nicole...................... 55

CHAPITRE VI

Arnauld et le *Renversement de la Morale.*— Arnauld après la Paix de l'Eglise ; — publie le *Renversement de la Morale de Jésus-Christ* ; — longue discussion théologique sur l'inamissibilité de la Grâce ; — embarras des Ministres ; — Réponse du Ministre Bruguier.................. 64

CHAPITRE VII

L'Impiété de la Morale des Calvinistes. — Réponse d'Arnauld à Bruguier ; — discussion serrée où il fait ressortir toutes les conséquences ; — réponses de Jurieu et de Le Féron... 75

CHAPITRE VIII

Arnauld, attaqué par M. le Fèvre, docteur de Sorbonne, publie le *Calvinisme convaincu de nouveau.* — Réplique de M. le Fèvre. — Autres ouvrages au sujet de l'inamissibilité de la justice.. 81

CHAPITRE IX

Remarques sur une lettre de M. Spon, savant antiquaire. — L'antiquité du Calvinisme.......................... 92

CHAPITRE X

Arnauld et Jurieu. — Caractère de Jurieu. — *Apologie pour les Catholiques* contre *Politique du clergé de France ;* discussion politique autant que religieuse.................. 96

CHAPITRE XI

Singulier accueil fait en France à l'*Apologie pour les catholiques ;* meilleur succès dans les autres pays.— Le *Préservatif* de Jurieu et *Réflexions* d'Arnauld ; de la persécution exercée contre les Protestants.....................

TABLE DES MATIÈRES

CHAPITRE XII

Le Calvinisme et le Capisme mis en parallèle de Jurieu ; — genre de polémique des deux adversaires ; leurs qualités et leurs défauts. — *Le Jansénisme convaincu de nouveau,* contre Bossuet surtout, quoique indirectement............. 117

CHAPITRE XIII

L'Esprit de M. Arnauld ; — la grande colère du ministre Jurieu ; il frappe à coups redoublés à côté d'Arnauld et du sujet ; — ce qu'il pense de la cour de Louis XIV ; — opinion d'Arnauld sur la manière de traiter les Protestants ; — ce qu'il propose............................. 125

CHAPITRE XIV

Les prétendus Réformez convaincus de schisme ; — réponse trop sérieuse de Nicole aux *Considérations sur les Lettres circulaires ;* — méthode des « moyens abrégés. » — Réponse de Jurieu à Nicole ; — entrée en scène de Bossuet. — Absence de controverse au xviiie siècle............................ 139

Conclusion 148

M. VIALART, ÉVÊQUE DE CHALONS

ÉVÊQUE DE CHALONS

ET LA *PAIX CLÉMENTINE*

CHAPITRE PREMIER

Principaux moments de l'histoire du Jansénisme jusqu'en 1667, et comment M. Vialart y fut mêlé.................. 160

CHAPITRE II

Avènement de Clément IX.— M. Vialart agit plus activement. —Lettre des dix-neuf évêques au Pape. — Circulaire des quatre rebelles aux évêques de France..................... 169

CHAPITRE III

M. Vialart à Paris. — Il est chargé de la négociation avec M. de Gondrin. — Singulière mission des deux prélats. — Personnages en scène. — Portrait de M. Pavillon. — Le siège d'Alet...................................... 178

CHAPITRE IV

Le siège continue. — Ce que le Pape et M. Vialart entendent par le Fait et le Droit. — Détresse des médiateurs. — Capitulation d'Alet................................... 189

CHAPITRE V

Soumission des quatre Évêques. — On hésite à Rome. — Attestation de M. Vialart............................. 197

Conclusion 205

Suite des principaux ouvrages publiés par les *Cousins germains* au cours de leur controverse................. 209

Table des Matières..................................... 213

Arras : Imp. SUEUR-CHARRUEY, 10, rue des Balances.

Arras. — Imp. SUEUR-CHARRUEY, Rue des Balances, 10.